ちくま新書

北方領土交渉史

鈴木美勝
Suzuki Yoshikatsu

1601

北方領土交渉史【目次】

	ソ共同声明」に四島名を明記 12月　ソ連邦崩壊、ロシア連邦成立
1992(平成４)	３月　コズイレフ外相訪日、「秘密提案」
1993(平成５)	10月　エリツィン露大統領訪日、「東京宣言」
1997(平成９)	11月　橋本龍太郎・エリツィン日露首脳会談、「クラスノヤルスク合意」
1998(平成10)	４月　エリツィン大統領訪日、橋本首相が「川奈提案」（８月橋本退陣） 11月　小渕恵三首相訪露、エリツィン大統領が「川奈提案」拒否表明
2000(平成12)	５月　プーチン露大統領就任 ９月　プーチン大統領訪日、「五六年共同宣言」の有効性確認
2001(平成13)	３月　森喜朗首相訪露、「並行協議」提案（イルクーツク）
2014(平成26)	２月　安倍晋三首相、ソチ冬季五輪開会式に出席。３月　ロシア、ウクライナのクリミア自治共和国編入を宣言
2016(平成28)	５月　安倍首相ソチ非公式訪問、「新しいアプローチ」を表明。９月　安倍首相、東方経済フォーラムに初参加（ウラジオストク）。12月　プーチン大統領訪日、安倍首相と首脳会談（山口県長門市）
2018(平成30)	９月　安倍首相がウラジオストク訪問、プーチン提案「年内に無条件で平和条約締結を」（東方経済フォーラム） 11月　安倍・プーチン首脳会談で「シンガポール合意」
2019(平成31／令和１)	１月　安倍訪露、北方領土問題進展せず ６月　プーチン訪日（G20大阪サミット）
2020(令和２)	９月16日　安倍首相退陣（第一次政権から数えてプーチン大統領との首脳会談は通算27回）。９月29日　菅義偉首相・プーチン大統領電話会談

外務省サイト［北方領土問題の概要］の「日ソ・日露間の平和条約締結交渉」などを参照して作成

北方領土交渉　略年表

1855(安政1)	日露通好条約調印、択捉島とウルップ島の間に国境線を画定
1875(明治8)	5月　樺太・千島交換条約、千島列島が日本領に
1941(昭和16)	4月　日ソ中立条約（5年間有効）
1945(昭和20)	2月　米英とソ連、参戦めぐり「密約」(ヤルタ協定)。8月14日　ポツダム宣言受諾（15日終戦)、8～9月　ソ連軍侵攻、北方四島を占領。9月2日　重光葵外相、降伏文書調印（米ミズーリ艦上）
1951(昭和26)	9月　サンフランシスコ平和条約調印、千島列島放棄
1953(昭和28)	3月5日　スターリン死去
1955(昭和30)	6月　日ソ、ロンドン交渉開始 11月　保守合同、自民党誕生
1956(昭和31)	7月　重光訪ソ。8月「ダレスの恫喝」 10月　鳩山一郎首相訪ソ、日ソ共同宣言に署名
1960(昭和35)	1月　新日米安保条約調印（6月発効） 1月　ソ連「対日覚書」
1973(昭和48)	10月　田中角栄首相訪ソ
1985(昭和60)	3月　ゴルバチョフソ連共産党書記長就任。中曽根康弘首相、前書記長弔問のため訪ソ、初のゴルバチョフ会談
1988(昭和63)	7月　中曽根前首相訪ソ、ゴルバチョフ書記長と会談
1989(平成1)	11月　ベルリンの壁崩壊。ヤコブレフ共産党政治局員兼書記訪日、「第三の道」発言
1990(平成2)	1月　安倍晋太郎自民党元幹事長訪ソ、ゴルバチョフ書記長と会談
1991(平成3)	3月　小沢一郎自民党幹事長訪ソ、ゴルバチョフ書記長と会談 4月　ゴルバチョフソ連大統領訪日、「日

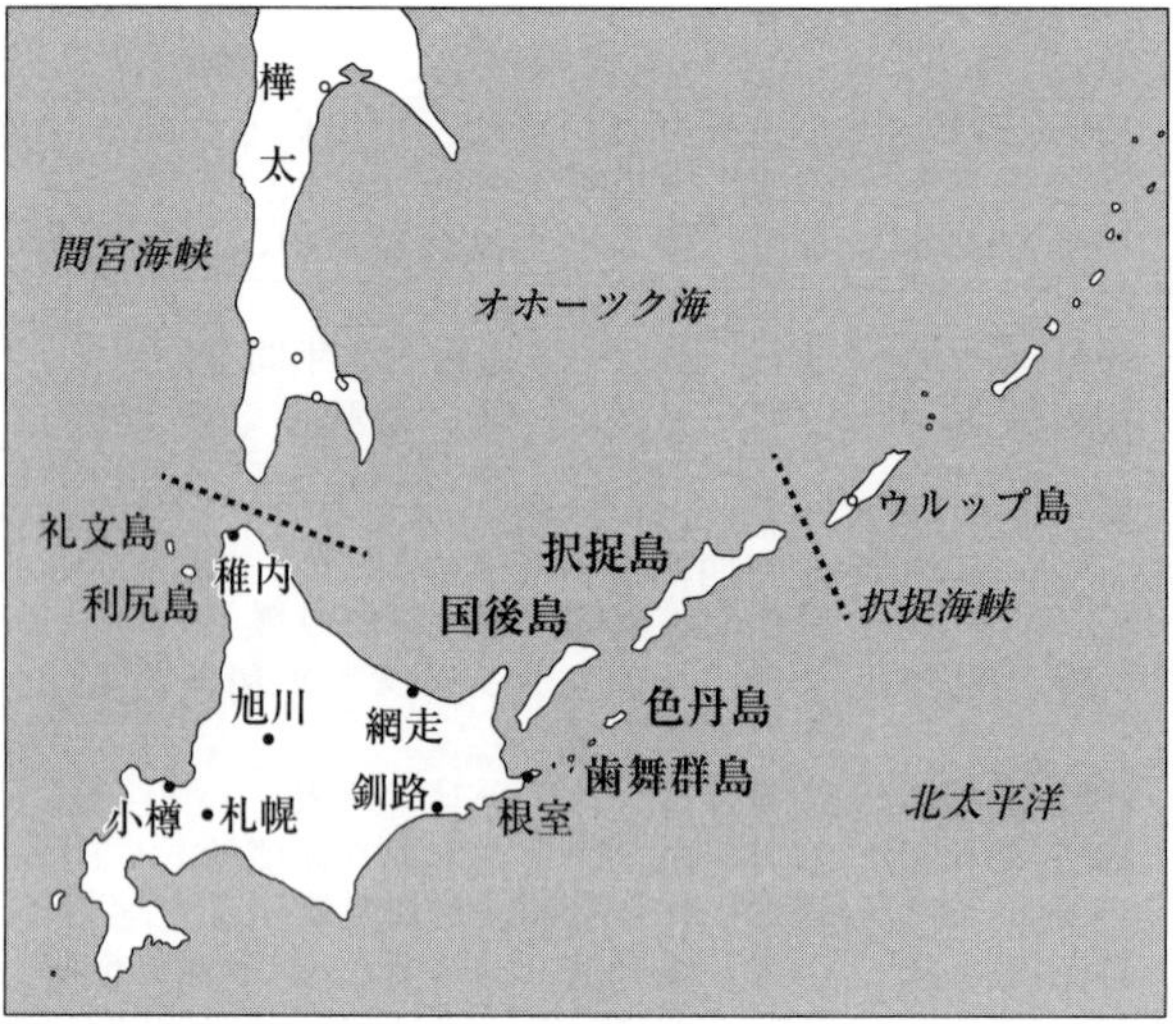

樺
太
間宮海峡
オホーツク海
礼文島
稚内
利尻島
択捉島
国後島
ウルップ島
択捉海峡
旭川
網走
色丹島
歯舞群島
小樽
札幌
釧路
根室
北太平洋

はじめに

二〇二一年一〇月一九日は、「日ソ共同宣言」（一九五六年）の調印から六五周年にあたる。日ソ両国は、唯一署名・批准《ひじゅん》したこの文書を基に国交を正常化、戦争状態にピリオドを打ったが、宣言に盛り込まれた歯舞《はぼまい》・色丹《しこたん》二島の「引き渡し」は今もって実現していない。

北方領土問題は未解決のまま今日に至っており、この間、歴代の総理大臣（首相）や政権与党の実力者がその解決に向けて、ソ連／ロシア側との交渉を精力的に進めて来た。就中《なかんずく》、「戦後日本外交の総決算」を掲げた安倍晋三首相は、ロシアのプーチン大統領と会談を重ね、「日ソ共同宣言を基礎に平和条約交渉を加速させる」との「シンガポール合意」（二〇一八年一一月）に漕ぎつけた。しかし、二〇二〇年夏、安倍は体調不良を理由に退陣を表明、後継の菅義偉《すがよしひで》（第九九代）総理大臣に、北方領土問題の進展を託した。

本書は、戦後、北方領土交渉に果敢にチャレンジした「政」と「官」の実態をトレースし、日本の対ソ／対露外交がどのように動いてきたかを分析した書である。一九五〇年代、米ソ冷戦の渦中に外交課題となり、冷戦後も現在に至るまでなお鋭いトゲとして日露間に突き刺さっている北方領土問題の交渉を振り返り、鳩山一郎、重光葵《しげみつまもる》、中曽根康弘、安倍晋太郎、小沢一郎、橋本龍太郎、安倍晋三、それぞれの側近や霞が関官僚らが辿った軌跡を追った。

足掛け九年に及んだ安倍対露外交には、二度のクライマックスがあった。具体的に言えば、二〇一六年と二〇一八年である。いずれも、「総決算」間近を思わせる過熱報道が日本列島に溢れた。が、二度のクライマックス時の安倍官邸外交は、果たして問題解決の進展に向けた内実を伴った外交だったのであろうか。とりわけ、この問いに筆者の問題意識がある。

そもそも外交が歴史的な成果を収めるには、国際政治のメインプレーヤーたる超大国の動向を中心とする「大情況」、相手国の国益次元の計算と解決の「意思」、自国の外交体制―「政」と「官」を凝集する力、さらに、それぞれの国力及び国民世論等々、各層レベルでプラスのベクトルに働く駆動力を有していなければならないはずだが、安倍政権の対露外交には、それらの視点を俯瞰した戦略的パワーが働いていたであろうか。

†天地人

十数年前（二〇〇九年）、ＮＨＫで放送され、人気を博した『天地人』（原作・火坂雅志の同名小説）という大河ドラマがあった。この『天地人』という表題は、中国・春秋戦国時代を生き抜いた孟子が遺した「天時不如地利　地利不如人和（天の時は地の利にしかず、地の利は人の和にしかず）」という故事成句から引いたものであろう。出典は、孟子が自身の活動の記録を弟子たちと編纂した書物（『孟子』）の中にある。日本では戦国武将・上杉謙信が孟子の言葉を引いて、次のような言葉を残した。

「天の巡り合わせが良く、地勢の有利さに恵まれ、家臣・領民がよくまとまっている、この三つの条件を満たす大将を、日本の歴史、中国の歴史、神話の時代にさかのぼっても見たことがない。もっともこんな大将がいたら、戦は起こらないし、敵対する人物もいないだろう」（『北越軍談 謙信公語類』）

つまり、事に当たって天の時、地の利、人の和三つがすべて揃うというのは、過去においてもいないし、未来においても出てこないだろう――というのである。

しかし、孟子が残した「天地人」なる故事成句の意味はややニュアンスが違っている。戦略の核心を説いた「公孫丑」の件《くだり》には、「天の時は地の利に如かず、地の利は人の和に如かず……」とあるが、これに続く文章とあわせて要約すると、次のようになる。

「小さな城を包囲攻撃しても、容易には陥落しない場合がある。包囲攻撃しているからには、当然天与の好機がめぐってくるはずだ。それでも勝てないのは、天与の好機も地の利にはかなわないからである。城壁も高い。濠も深い。装備もすぐれ、兵糧も十分にある。それでいて、城を捨てて敗走する場合がある。地の利も人の和に及ばないからだ」

すなわち、城攻めをする際、吉凶を占って入念に導いた攻撃のベスト・タイミング（天与の好機）があるが、それも地理的に有利な条件（地の利）には及ばない。が、その地理的な条件も一致団結した人々の民心の和合（人の和）には及ばないというのだ。

孟子によれば、戦争状態を支配する三つの要件「天の時」「地の利」「人の和」には自ずから順序があり、あえて順位づけするなら、「天の時」より「地の利」、「地の利」より「人の和」というのである。翻って、軍事力ばかりでなく経済力を含む国力を背景に、国際政治の舞台で国益をかけて主権国家が鎬《しのぎ》を削る現代の外交に関しても、孟子のこの故事成句の神髄は息づいている。

†三層構造

二〇世紀末、アメリカ外交を主導した米ソ冷戦終結の立役者の一人、ジェームズ・ベーカー国務長官は、退任後に上梓した回顧録で外交の核心を突いた次の言葉で喝破した。「外交はタイミングがすべてだ」。このベーカーの言葉の本質を十分に理解するには、やや補足的説明が必要となるだろう。筆者流に解釈すれば、それはすなわち、主権保持・国益確保を念頭にした外交を進める際には、国家として次の三つの層を満たす能力が、蓄積／保持されていることが大前提となる。

(1) 大情況（国際環境）。超大国の動向、大国間の外交関係、離合集散情況に加えて、国際的な潮流、時の流れ・時の勢い、時の運というものがある。殊に、時の勢いは人に優る。人の力ではどうしようもないほどの勢いが生み出された時、国際政治を突き動かす。換言すれば、時代の移り変わり／時代を画する地殻変動を生み出す〈時勢〉こそが大情況のコアとして国際政治を〝演出〟するケースが少なくない。

(2) 政治的リーダーシップ。外交を主導する政治的リーダー（国家首脳、外相）のイニシアティブの強弱、相互の地政学的ファクターを踏まえて、相手（複数であることもある）の国力や国柄、国家の凝集力、そして、確かな情報収集力を基に政治動向を客観的に評価、自国の国力との比較分析において実現可能な着地点を見出し、戦略を構想する能力。特に重要なのが、国際的潮流／時流／時勢を読み取る力、すなわち、〈歴史的モメンタム〉を捉える能力である。

(3) 外交の専門家たるフォロワーたち（主に外交官や有識者）の知見とそれらを踏まえて的確に判断できる政治的リーダーの外政展開力。そして、政治家の野心と官僚の功名心を負の要素に反転させない〈政官〉相互の協調性（和の精神）。加えて、ここには世論形成に重要な役割を果たすメディアとの関係性が含まれ、北方領土問題をめぐっては虚実入り混じった情報が交錯、交渉に大きな影響を与えることが少なくない。

大情況（国際環境）とリーダーシップ、フォロワーシップの三層が、ほぼそろって政・官・民が同方向に本気で足並みをそろえる。その時にこそ、外交の国家的大課題が進展の好機となる、という考え方が、ベーカー外交の要諦《ようてい》にあった、と筆者は理解する。

歴代内閣の対露（対ソ）外交はこの点をどのように意識して進められたであろうか。

†四つの視点

以上の三層構造をめぐる要件に加えて、日本にとって対露（対ソ）外交を推進する場合、次の四つの視点が不可欠になる。

第一に、政治的視点。戦後の日ソ／日露関係では、日本側にとって領土問題が中心的テーマとなってきたが、一九五六年に「日ソ共同宣言」として結実した鳩山一郎内閣の対ソ外交では、領土問題――否、むしろシベリア抑留日本人問題の方が、より大きな戦後未解決の「負の遺産」として鳩山首相自身の頭の中を占めていた。

第二に、経済的視点。ソ連邦崩壊前後及び新生ロシア誕生以降、現在まで、日本にとって領土問題進展のカギとして重視されるようになった。改革派ミハイル・ゴルバチョフの登場に伴い、「政経不可分の原則」は、政治・経済の両輪を前向きに動かす「拡大均衡」の名のもとに、経済協力によって領土問題を進展させようとする試みが始まった。国内向けには「政経不可分／四島返還」原則を堅持するとの姿勢を印象づけながらも、実際は、〈経済〉と〈領土〉の取引を容認する。この戦術は、様々なアプローチで試みられた。だが、それらはことごとく失敗した。なぜか。一つの理由は、リーダーシップとフォロワーシップの問題にある。安倍内閣も同様の轍を踏んだ。安倍本人及び経産省官僚ＯＢの首相側近は、この外交的ツールをどんな形で使おうとしたのか。他の視点との関係はどのような状態だったのか。

第三に、地政学的視点。冷戦時代、そして冷戦構造崩壊後も、一貫して日本の対ソ／対露外交が逢着したのは、日ソ／日露の国家安全保障に関わる問題――とりわけ日米安保体制とそれに対するソ連／ロシアの反発――だった。これには、米国に対するロシア（ソ連）の敵対的意識やそのエネルギー戦略が密接に絡む。加えて、近年のグローバル化や、気候変動に伴う北極海などの変容に伴い、ロシアにとってオホーツク海に隣接する北方領土は核抑止などの軍事的観点から地政学的重要性が一段と増した。

第四に、歴史的視点。これは、第二次世界大戦と「終戦」期に関わる歴史認識の問題として、時に日ソ／日露外交に表出し、決定的にその進展を妨げる負の対立要素として暗い影を落としてきた。例えば、安倍対露外交においては、プーチン政権が身勝手な歴史認識を基に、領土交渉の大前提として持ち出し、「ロシア史観」（第二次世界大戦＝大祖国戦争）を受け入れるよう求めてきたために、北方領土問題の停滞を来した事実を理解することが必須の視点であろう。

以上、四つの視点は、日本側が北方領土交渉を進めるにあたって、今後も十分意識し、克服しなければならない課題である。どれ一つ欠けても、日本外交は敗北を味わうことになるだろう。

戦後の対ソ／対露外交を振り返る中で、前述の三層構造と四つの視点を踏まえて、戦後の北方領土交渉史、その中でも、最も直近において挫折した安倍対露外交の「過誤」とは何だったかを中心に考えてみる。

なお本書では、原則として敬称を省略し、肩書きはその当時のものを明記した。

プロローグ

プーチンとの〈虚ろな約束〉

二〇一八年一一月一四日朝、首相・安倍晋三はシンガポール、豪州、パプアニューギニア歴訪のため、政府専用機で昭恵夫人と共に羽田空港を出発した。東南アジア諸国連合（ASEAN）関連首脳会議など一連の国際会議への出席が目的だったが、安倍がこの外遊で最大のターゲットに据えたのが、シンガポールで行うロシア大統領プーチンとの日露首脳会談だった。この会談に賭ける安倍の意欲が、国際法のプロ・秋葉《あきば》剛男《たけお》（外務省事務次官）をわざわざ同行させたことに表われていた。

通常、外交の司令塔である外務次官は、留守番役として日本に残るのが慣例だが、この措置は、異例中の異例と言えた。

出発前、安倍は同空港で報道陣のブラ下がり取材に応じ、北方領土問題の進展に向けて並々ならぬ決意を示した。「私と大統領の手で必ず解決していくとの強い思いの下、じっくりと話し合い、交渉をしっかりと前進させていきたい」

ロシア大統領プーチンとの会談は同日夜、開催中のＡＳＥＡＮ各国首脳との夕食会を両首脳が欠席、シャングリラ・ホテルで行われた。会談の結果、両首脳は「一九五六年の日ソ共同宣言を基礎として平和条約交渉を加速させる」ことで合意した。

〈日ソ共同宣言（一九五六年）第九項〉

日本国及びソヴィエト社会主義共和国連邦は、両国間に正常な外交関係が回復された後、平和条約の締結に関する交渉を継続することに同意する。

ソヴィエト社会主義共和国連邦は、日本国の要望にこたえかつ日本国の利益を考慮して、歯舞群島及び色丹島を日本国に引き渡すことに同意する。ただし、これらの諸島は、日本国とソヴィエト社会主義共和国連邦との間の平和条約が締結された後に現実に引き渡されるものとする。

会談後、宿泊先のホテル「マンダリン・オリエンタル・シンガポール」に戻った安倍は、やや上気したように語気を強めて、記者団に語った。

「私と大統領だけで平和条約締結問題について相当突っ込んだ議論を行いました。（これまでの）信頼の積み重ねの上に、領土問題を解決して平和条約を締結したい。この戦後七〇年以上残されてきた課題を次の世代に先送りすることなく、私と大統領の手で必ずや終止符を打つという強い意志を完全に共有しました」

〝二人の手で必ずや〟……安倍はいつものセリフで自信ありげに続けた。

「来年の（大阪での）G20（二〇カ国・地域首脳会議）で大統領をお迎えするが、その前に、年明けにも私がロシアを訪問して日露首脳会談を行います。今回の合意の上に私と大統領のリーダーシップの下、戦後、残されてきた懸案、平和条約交渉を仕上げていく決意です」

†口頭確認の罠

シンガポールにおける日露首脳会談の結果は、簡潔な「合意事項（一九五六年の日ソ共同宣言を基礎として平和条約交渉を加速させる）」がプレス向けに発表されたが、この会談の隠されたポイントは、通訳だけを入れた首脳二人のテタテ会談（仏語：tête-à-tête／英語：head to head）におけるやり取りと、その直後に日露双方の政府高官（四人）が呼び込まれて行った合意確認の作業だった。特に、安倍・プーチン会談の核心につながる、口頭で確認された「幅広い合意」内容は極秘扱いとなって伏せられた。

政府筋によると、実際はプレス発表以外に「未発表の幅広い合意に関する口頭確認事項」があった。その「幅広い合意」事項の核心部分が、「歯舞・色丹の二島返還」に関わるものだった。それは、主権という国家統治原則に関わるもので、その実現に向けた条件が四人の政府高官立ち会いの下で確認された。この会談でのプーチンの発言について、安倍をはじめ日本側は、少なくとも「歯舞・色丹二島の返還は確約された」も同然と受け止めた。しかも、プーチンはこの時、「法と正義」の原則に基づき四島の帰属問題を解決するとした「日露東京宣言」(一九九三年一〇月)に言及することはなかったが、それを明示して明確に否定することもなかった。このため、残り二島(国後《くなしり》・択捉《えとろふ》)を「並行協議」する道が開かれる可能性があると受け止めた、とされる。

両首脳の合意にそれぞれの政府高官四人が確認のために立ち会うという構図には、首相サイドが練った一つの仕掛けがあった。北方領土を一ミリたりとも日本に「引き渡す必要はない」という「ゼロ返還」が持論の外相ラブロフを、この〈口頭確認〉の際に外そうという狙いがあったのだ。

仮に、ラブロフが〈合意確認〉の際に同席すれば、「「日ソ共同宣言を基礎に交渉を加速する」」との合意に関連して、異議を差し挟む可能性があった」(関係筋)ためだ。

ある政府高官が証言する。外交政策において、「これまでの会談を振り返れば、プーチンはラブロフの進言に重きを置いており、ラブロフが発言した場合、一目も二目も置いて尊重するのは明らかだった」。このため、安倍周辺は外相（日本側は河野太郎）の同席を避け、双方の高官が「合意確認」をするという方式を望んだ。そして、首相が信頼する谷内《やち》正太郎《しょうたろう》（国家安全保障局長）と秋葉剛男（外務事務次官）を同席させ、ロシア側が、それとの見合いで、ウシャコフ（大統領補佐官）とモルグロフ（外務次官）が同席する構図を作った。ロシア側はこれを受け入れた。今井《いまい》尚哉《たかや》（首席秘書官）主導によるこの発案を基に、河野太郎（外相）がシンガポールに同行する案は消え、秋葉の同行が決まったのだ、という。

こうして行われた安倍・プーチンのテタテ会談の後に、谷内と秋葉、ウシャコフとモルグロフが呼び込まれた。この時のプーチン発言については、具体的な言い回しは定かではないが、少なくともプーチンの発言は「平和条約の締結に伴い主権を含めた二島の返還」に前向きと受け止めることが可能な表現だった、と言われる。

†進言を無視した安倍

関係筋によると、この会談の直後、谷内は〈口頭の約束〉だけでなく「紙に書いて確認事項としてはどうか」と、「文書」での確認を進言した、という。だが、安倍は「それには及ばぬ」と言わんばかりに、即座に却下した。

外交の世界における「紙の重み」を知り尽くす有能な外交官と、政治の世界における「完全に詰め切らずに余白を残しておくことの重み」に賭けてみる政治家との対照が際立った瞬間だった。

安倍にとって、プーチンは、シンガポールまで数えて二三回もの会談を重ねた相手だ。このため、安倍は、これまで積み重ねてきたプーチンとの差しの会談でのやり取りなどから得た感触と政治的直感に自信を持っていたのだろうか。官僚には分からぬ政治家同士の阿《あ》吽《うん》の呼吸と政治家としてのプライドが、谷内の進言に貸す耳を持たせなかったのだろうか。実務者の相互確認事項を「紙に落とす」ようプーチンに求めた途端に会談は終結、同時に二人の関係は崩壊する恐れがあると考えたのかもしれない。そう考えると、「口頭確認」の方がましだ、と。

いずれにしろ、政治家・安倍は北方領土問題で「プーチンの善意」に賭けたに違いない。政治の世界でよく言われる〈情と理〉の文脈で言えば、安倍は外交上の〈理〉ではなく、政治家プーチンの〈情〉に賭けたのである。

そして、この「シンガポール合意」は、言わば、翌二〇一九年一月の安倍訪露、続いて六月のG20大阪サミットの際の日露首脳会談において北方領土問題を劇的に進展させるための入り口になるはずだった。それは、取りも直さず、安倍が「四島返還」の方針を実質的に取り下げるとともに、まずは「歯舞・色丹の二島返還」という形で、平和条約締結＝国境線画定をめぐる問題の前進を図る意向を固めたことを意味した。

一方、プーチンの方は、安倍の地元山口県で行われた「長門会談」の二年後に、日露両政府が発表した「シンガポール合意」（二〇一八年）によって、事実上、安倍が四島返還論を放棄、五六年宣言に基づき引き渡される二島（歯舞・色丹）は自動的に日本の主権下に入るわけではないという「二島引き渡し論」に舵を切った、と受け止めたと言えよう。

†日露解釈ギャップ

「合意」翌日には、早くも日露双方の受け止め方に乖離が表われる。今回の合意に対するロシア側の受け止め方について、プーチンはシンガポールを離れるのに先立って記者会見し、縷々述べた。「日本が問題提起をしており、われわれとしては彼らと共に取り組む用意がある」ものの、「（日ソ共同宣言に）二島引き渡しの用意があると記されているが、どのような根拠で引き渡され、どちらの主権下となるかは述べられていない」。要するに、プーチンの立場は従来の見解の墨守、その考えは微動だにしていなかったのだ。

第一に、五六年日ソ共同宣言に基づく対話再開は日本側の要請によるものだ、第二に、第二次大戦後の国際的な合意によりロシアとしては、日露間に領土問題はないとの認識に変わりはない、第三に、共同宣言には「二島引き渡しの用意がある」と明記されたが、それが「どのような根拠」に基づき、「どちらの主権下」で引き渡されるかは書かれていない、第四に、共同宣言は日本側が拒否したため履行されなかった――というのである。そして、日ソ共同宣言は両国が批准した唯一の公式文書。こうしたプーチンの言い分を踏まえると、外交においてプーチンがいかに「文書」の重要性を理解しているかが分かる。

国益を背負って知的な闘争を繰り広げる外交の世界では、一般論においては、「紙」に明記されたものがすべてであり、極論すれば「口約束」など意味を持たないというのが「掟」なのである。とすれば、口頭での第三者確認があったとしても、「シンガポール合意」における「口頭の確認」事項の履行には、端《はな》から危うさが内包された〈空ろな口約束〉だった。それは、言わば〝ギャンブル的合意〟だったことを意味した。

†外交と「文書」

一例を挙げよう。田中角栄・ブレジネフの日ソ首脳会談(一九七三年一〇月、モスクワ)でのやり取りだ。歴史的事象をめぐる微妙な食い違いは、それに関わった証言者の立場や視点、思い入れの度合いによって、濃淡が描出される。田中・ブレジネフ会談でも然り。第四次中東戦争の最中《さなか》、田中訪ソ最後の日ソ首脳会談は、中東情勢のメモが頻繁にブレジネフに入るなど、「非常に散漫な雰囲気」の中で行われた。時のソ連にとって第四次中東戦争は、対日関係よりもバイタルな国際情勢が進行しているという認識であった。

この会談については、後に条約局長などを経て事務次官に昇り詰めた国際法のプロ・栗山尚一が証言している。栗山は、田中訪ソに主要な随員として同行、田中・ブレジネフ会談をはじめ一連の実務者レベル協議に出席するなど、日ソ両首脳の至近距離にいた外交テクノクラートである。

「共同声明には平和条約交渉への言及があるのですが、しかし「領土問題」には直接触れられていない。そこで領土問題がこの中に入っていることを確認して下さいと田中さんがブレジネフに詰め寄ったら、ブレジネフが「ダア」と言ったわけです。それでまあ、一札取ったなと、こういうことなんですけれども。まあ、そんなことで一札とれるようなソ連じゃないからね。後になってそのようなことは言わなかったということになりました」

(栗山尚一『外交証言録　沖縄返還・日中国交正常化・日米「密約」』)

田中角栄が北方領土問題で、ブレジネフから「ダア(イエス)」発言を引き出したこの一件は、豪胆で実行力のある政治家の武勇伝を彩るエピソードとして今なお、永田町に語り継がれている。だが、外交的には何らプラス効果となる意味合いを持っていなかったというのだ。北方領土におけるソ連のスタンスは、領土問題など存在しないという外相グロムイコの「ニエット（ノー）」のそれに戻ってしまったのである。

＊　＊

続く第一章では、戦後領土交渉史の原点「日ソ共同宣言（一九五六年）」に辿り着くまでの政・官の動きを振り返る。その経緯において、北方領土問題が東西冷戦の中に組み込まれ、米国の呪縛《じゅばく》から逃れられなくなった日本外交の宿命的起点について確認する。

その上で第二章以下は、日ソ共同宣言後に残された課題解決に向けて野心を抱く政治家と、功名心に囚われた官僚が織り成す〈外交と内政の連動劇〉を見る。ゴルバチョフ登場前後における政官の戦い、中曽根康弘対安倍晋太郎の先陣争い、政治家同士の暗闘、小沢一郎が賭けたバックチャンネル外交、四島返還方針と「五六年宣言」の頸木《くびき》から逃れようともがく外交当局の苦悩などを追う。第五章と第六章は、その延長線上で展開された安倍官邸の「新しいアプローチ」外交がどのように生まれて展開し、結局、なぜ「五六年共同宣言」に原点回帰せざるを得なかったのか、その葛藤や実情など真の動きに照らして探ってみたい。

第一章 歴史の「忘却」——宿命の対米依存

第一節 対ソ外交の原点

天空晴れわたり、海は凪《な》いでいた。その男にとって、艦上の長くて急なタラップを上るのは、決して容易なことではなかった。右脚の義足、杖を頼りに、平らな甲板でも健常者のようには楽々とは歩けない。それでも男は程なくタラップを上り切った。と、次の瞬間、男の目には、まったく想定していなかった驚きの光景が飛び込んできた。

一八〇センチ以上の屈強な兵士たちが整然と並び、上甲板、中甲板には夥《おびただ》しい数の兵士たちが鈴なりになって男を見下ろしていた。そればかりではない。艦橋にある高射機関銃の台座や砲台に目をやると、巨大な四〇センチ主砲に跨《また》がっている者までいる。無数の視線は戦敵であった隻脚の男に向けられていた。甲板の一行が仰ぐようにして目にした巨大な砲身は、もはや貝のように押し黙っていた。

一九四五年九月二日午前九時、東京湾に停泊した米旗艦ミズーリ号。第二次世界大戦の敗戦を国民に告げた天皇陛下の玉音放送から一八日目。敗戦国日本の天皇及び政府代表として甲板上を式典の場にした降伏文書調印式に臨んだ義足の男は、日本の全権に任ぜられた外務大臣・重光葵《しげみつまもる》だった。

プライド高き職業外交官として屈辱の日々を手記に書き綴った重光は、調印式前日の思いを「願わくば　御国の末の栄え行き　我名をさげすむ　人の多きを」と詠み〈屈辱の日〉を迎えた。

連合国軍最高司令官・マッカーサーが夏の軍服で悠然と式場に姿を現わしてから、重光の降伏文書調印までわずか四分間だった。後に重光は短歌に託して、その日の心境を表わしている。「敵艦の上に佇む一と時は　心は澄みて我は祈りぬ」

ポツダム宣言の受諾（八月一四日）、終戦詔書発布（同一五日）を受けて〈日本の敗北〉が公文書化された九月二日は、日本政府が第二次世界大戦の過程を通じて生起した、戦後の様々な外交課題に取り組む原点となる。日ソ中立条約がなお有効であるにもかかわらず日本領に侵攻、戦後、スターリンの指示に基づいてソ連最高会議幹部会が一方的にソ連領に編入したことから、二〇二一年に至っても、今もって解決に至らない外交懸案――それが、大国の思惑に翻弄され続けてきた「北方領土」問題である。

ソ連による軍事作戦は、米艦ミズーリ上での降伏文書調印後も継続されていた。記録文書によると、択捉、国後、色丹を支配下に置いたソ連軍の歯舞諸島占領が完了したのは、重光の降伏文書調印の三日後の一九四五年九月五日だった。

†政と官の権力闘争

〈屈辱の署名〉をした重光は、東久邇宮《ひがしくにのみや》内閣で三度目の外相を務めて降伏文書に首席全権として調印、A級戦犯として服役したが、公職追放解除後に、残された戦後処理のため政界に活動の場を求めた。重光は、外務官僚出身の政治家として内閣総理大臣にまで上り詰めた吉田茂や芦田均《あしだひとし》に大いに刺激を受けて政治家に転身したのだ。その重光が政争の渦の中で、取り組まざるを得なかった最重要課題が北方領土問題だった。

しかし、重光は国家主権の本質にかかわるこの問題を、しばしば〈理〉より〈情〉が先行する政治の世界において解決できたのであろうか。外務官僚から政界に転進した重光は、政治家の肩書きを持ったものの、プロとしてのプライドが過剰に迸《ほとばし》る現役外交官意識を払拭することができなかった。次男・篤の言を借りれば、重光は国内政治に疎く、「政治の世界に向いていなかった」のだという。

外交と内政は切り離せない。経世家にして外政家の吉田茂は、この言葉を拳拳服膺《けんけんふくよう》し、戦前の外交の失敗を教訓として、戦後、日本外交体制の立て直しに向け、政治家としてのエネルギーを国家再建に注いだ。

サンフランシスコ講和会議から三年余。北方領土交渉史の第一幕が上がった。〈大情況〉としての米ソ冷戦を背景に、日本政界では、日ソ交渉によって名を成そうとする党人派政治家とそれに対する反ソ脅威論者の官僚派政治家・重光との主導権争い、言わば〈政対官〉の権力闘争が展開された。日ソ交渉は、一九五六年を一つの節目に「日ソ共同宣言」として結実、二年越しの第一幕を閉じる。が、同時にこの「宣言」は、その後の長い停滞期を経て、改革派のゴルバチョフ（ソ連共産党書記長、後にソ連大統領）の登場を機に交渉と挫折を今日まで繰り返す、冬ざれの北方領土交渉史の幕開けとなることを意味した。

†鳩山の信念「領土より人命」

一九五〇年代、国内政治と外交は、今よりも密接に、あるいは深く絡んでいた。国民すべてに甚大な惨禍をもたらした戦争という国難、しかも敗北による終戦は、日本の政治、経済、社会の制度、規律、システムを破壊した。国破れて山河在り――。戦後混乱の中にあって、政治家、官僚には国家再建の難事業が託された。連合国軍最高司令官ダグラス・

マッカーサーとの交渉役を担ったのが、外交官出身の総理大臣・吉田茂だった。

吉田は、「外圧（マッカーサー）」を政治の力に変えて国家再建に取り組み、サンフランシスコ講和を実現するなど、現実的かつ具現的なオプションを選んで戦後日本の基盤を構築し、戦後政治における保守本流の水源となった。そして、官僚出身の政治家・吉田に対して、保守本流内にもう一つの流れを形成したのが、政党政治家・鳩山一郎だった。

鳩山をはじめ、その盟友・三木武吉《みきぶきち》や側近・河野一郎は、党人派政治家として、吉田に権力闘争を仕掛けたが、吉田を追い落とし、政権構想の旗として〈憲法改正〉と並んで掲げたのが、〈日ソ国交回復〉だった。

鳩山が、日ソ国交回復に動いたのはなぜか。敗戦国日本の再建を総理として担った吉田は、サンフランシスコ平和条約締結によって、西側陣営との講和という政治的レガシーを残したが、国際社会への復帰は道半ば。条約に参加しなかったソ連との戦争状態は、法的には終わっていなかった。日ソ間には、北方領土問題ばかりでなく、戦犯とされたシベリア抑留者の帰還という戦後処理が未解決のままだった。そして、鳩山にとって何より重要だったのは、シベリア抑留者帰還問題だった。

鳩山は、こんな信念を持っていたという。「国交回復は「その日が来るまでやらないのだ」と頑張っていたのでは、抑留者たちが参ってしまう。領土は何年たってもなくなることはないが、人の命には限りがある。救えるときには、一日も早く救ってやらねばならない」（小枝義人、［監修］河野洋平『党人 河野一郎 最後の十年』）

†鳩山外交の指南役・杉原荒太

鳩山第一次内閣が発足した一九五四年一二月のことだった。「ちょっと来てくれ」。農相として入閣した河野一郎は、首相・鳩山一郎に呼ばれた。「どうせ、しっかりやってくれ、といったようなことだろう」と思いながら、東京・小石川音羽台に居を構える鳩山邸の門をくぐった。そこには、三木武吉老も呼ばれて来ていた。

「僕の政治家としての使命は、日ソ交渉と憲法改正にある」。いつになく真剣な顔の鳩山は、鳩山政権樹立の最大の功労者である二人に切り出した。「僕をおいて保守党のなかには、これをやるものはないと思う。とくに日ソの復交については、僕の在任中にぜひとも結末をつけたい。ほかの問題はなんでも両君《（ママ）》の言う通り、両君《（ママ）》のカジのとりように従ってついて行ってもいいが、この二つの問題だけは、両君《（ママ）》とも僕の意見について来てもらいたい」（河野一郎『今だから話そう』）

鳩山政権は誕生したものの、「持って半年、せいぜい一年くらいのものだろう」と、多くの人が思っていた頃のことだ。その鳩山政権の時に、極めつき困難な日ソ国交正常化が、出来ようはずがないと誰しも考えたに違いない。

が、鳩山にとって、対ソ外交は一朝一夕に現れた課題ではなかった。鳩山が「対ソ関係の調整の問題」に関して強い関心を抱いていたのは、首相就任の二年以上も前の一九五二年夏のことだった。その頃、鳩山は元外交官・杉原荒太《すぎはらあらた》（参議院議員）に助言を求めている。

杉原が欧米視察に出かけるにあたって箱根ホテルに滞在中の鳩山を訪ねた時、対ソ問題が話題となった。そして、その翌日、「先生から使者が見えて（略）意見をさらに詳しく書きものにして欲しい」と伝え聞いて、対ソ外交の基本的な考え方を文章にして送ったというのだ。

鳩山の御下問を受けた杉原荒太とは、どんな人物か。彼は、今では忘れ去られたような存在となっているが、鳩山外交のキーマンの一人であった。

杉原は吉田茂との因縁を以て紹介されることが多い。外務省時代、外交方針をめぐり吉田茂と対立し「Y項パージ」の対象となって外務省を追われた元外交官だった。終戦後、政治家や官僚など、公職追放となった権力エリートは多いが、「Y項パージ」とは、GHQの追放令によるA項からG項までの該当項目とは別物。一九四六年五月に誕生した第一次吉田内閣で外相をも兼任した首相・吉田茂による、戦前・戦中に軍や翼賛化した政党に同調した外務官僚の追放劇だった。吉田のイニシャル「Y」を取って「Y項パージ」と称せられ、「日本外交の過誤」へと先導した憎悪の敵を射る、吉田による「謀略的な追放」だったのだ。

時は、占領日本を差配したダグラス・マッカーサー元帥と密な連携を保ち、政治力を増幅させた「臣・吉田茂の時代」となっていた。こうした中、戦前・戦中に本省法規課長、企画課長を経て、大東亜省総務局長、外務省調査局長、同条約局長と要職を歴任した杉原は、吉田にとっては日本外交を歪めた〝戦犯〟であり、吉田が事実上外務省を「追放」した外交官だった。

しかしその後、政界入りし、外交問題にはズブの素人の鳩山の諮問に常々応じ、とりわけ、鳩山が進めた日ソ交渉においては、その裏方として活躍した知る人ぞ知る有能な外交ブレーンとなった。ちなみに、同じ〝戦犯〟の中には、戦前・戦中に日独伊枢軸を推進した中堅の外務官僚・牛場《うしば》信彦《のぶひこ》（後に駐米大使、福田赳夫内閣の対外経済担当相）もいたが、四六年七月「依願免官」扱いで辞職を余儀なくされていた。

杉原は、硝煙の臭い抜けきらぬ占領下にあって、祖国日本の再建をテーマに共同研究会を立ち上げた。その頃、交流を重ねた知識人エリートの中に、政治学者・矢部貞治（近衛《このえ》文麿《ふみまろ》の私的ブレーントラスト「昭和研究会」メンバー）がいた。矢部は、その杉原を次のように評している。「役人というよりむしろ学究肌の、非常な勉強家で、しかも「読み」の深いことでは、随一の人」「その研究態度には、きびしい修道士の面影があった」と。加えて、古来稀なる「実践する学者、思索する政治家」の一人で、「深沈厚重《しんちんこうじゅう》」という言葉ほど杉原の人柄を言い当てた表現はあるまい、とまで言い切っている（矢部が、杉原荒太『外交の考え方』に寄せた序）。

当時の北方領土問題を振り返る時、杉原は、ロンドンでの日ソ交渉最前線で活躍した全権代表・松本俊一のように、脚光を浴びる存在でもなく、影の薄い存在だった。しかし、鳩山対ソ外交を真に支えた人物として、政局における河野一郎と並んで、政策面及び政府内調整に能力を発揮した杉原を忘れるわけにはいかない。その点からすると、表舞台における松本の回想録に加えて、河野、杉原を通じて対ソ外交を眺望する風景こそ、五六年日ソ共同宣言に向かう鳩山政権内の実情を映すものだった。

†戦後処理の段階的解決論

鳩山は、終戦後間もない左翼運動華やかなりし頃、演説会で早々と反共（反ソ連）の第一声を上げた政治家である。杉原が鳩山に進言した外交の考え方は、首相就任後の鳩山対ソ外交の基盤となった。その概要を整理すると次のようになる。

五〇年六月に勃発した朝鮮戦争は、終戦はおろか、いまだ休戦にも至っていない。国際情勢は最悪であった。日ソ関係は両国間の戦争状態の終結が確認されておらず、敗戦国日本と戦勝国ソ連の非対等の関係が続いている。このこと自体が、対ソ関係における日本の立場を不利にしており、「抑留同胞の問題や北洋漁業の問題など具体的問題の取扱いにおいても、ソ連側の高圧的態度を根拠づける理由にもなって」いる。このまま、戦争終結の未確認状態が続けば、「極東に動乱が拡大した場合には、ソ連は日本に対し宣戦布告等の新たな手続を経ずして敵対行為に出うる立場にある」

こうした状況下にあって、日本が当面とるべき現実的で適切な具体策は何か。

「日ソ関係の全面的正常化は期待し難いとしても、以上のような理由からソ連側をして、少なくとも戦争状態の終結を確認せしむるところまでもっていくよう施策することは、わが国独立外交の当然の責務でなければならぬ」(杉原『外交の考え方』)。言わば、「段階的解決論」につながるこの基本線に沿って、ソ連側の出方もあわせて現実的可能性を勘案する必要がある、と杉原は考えた。

杉原は、鳩山に対する進言を残して、欧米視察に旅立った。鳩山が公職追放解除後政界復帰の第一声(五二年九月)で、吉田からの政権奪取を念頭に放った矢は次のような所信の表明だった。

「私は政治の二大眼目として憲法改正とソ連、中国との戦争状態終結をやりたい」（久保田正明『クレムリンへの使節――北方領土交渉　1955―1983』）。視察中の杉原が、「対ソ関係調整」の必要性を提唱したこの鳩山発言を新聞報道で知ったのは、在スウェーデン日本大使館においてであった。

鳩山が言の葉に乗せた「ソ連との戦争状態終結」とは、その頃、「北方領土問題」というワーディングもなされておらず、その解決を目指すことを意味していたわけではなかった。鳩山曰く、政治が成すことは、まず領土返還の正当性を内外に示すための「国際的正義」より、国民の人命と暮らしを守る「人道」にある――と。鳩山は、そこにこそ国民にアピールすべき真の政治の姿を見たのであろう。

鳩山にとっての〈対ソ外交〉とは、当初、領土問題などよりも、まずは、帰国できぬシベリア抑留者の帰還を果たすことだった。

「いつまでも戦争状態でいて何の得があるか。むしろ、日ソ国交調整をすることによって、邦人のソ連抑留者が解放され、次にはソ連の妨害がとれて、日本国連への加盟が可能になる」（河野、前掲書）。サンフランシスコ条約によって「片面（あるいは部分）講和」しか実現できなかった吉田に対して、日ソ国交回復によって「全面講和」を成就する、それでこそ、敗戦国日本の真の国際復帰と言える、と鳩山は考えていた。

鳩山が〈日ソ国交回復〉の旗を掲げた理由について、戦後政治の内情を熟知した政界の策士・松野頼三《まつのらいぞう》（元自民党総務会長）は国内政局の視点から分析した。ライバルの吉田がやり遂げられなかった残された戦後処理問題を取り上げ、鳩山政治をアピールする、それが〈日ソ国交回復〉だった。

そして、戦争状態の終結の意義はシベリア抑留者問題にあった鳩山にとって、あくまで、領土問題などというのは二の次の目標だった。その鳩山を本格的に日ソ国交正常化交渉に引きずり込んだのは、河野一郎だった。

†党人派・河野の貢献

「残された戦後処理＝ソ連との国交正常化」は、サンフランシスコ講和を果たした親米・吉田外交に対して、鳩山の外交イメージを形成するのに、格好の政治スローガンだった。河野は直感的に行けると踏んだ。

政治の世界においては、「継続より変化」に力点が置かれるものだ。そして、運よく最高権力者の地位に就いた者は、歴史に名を残す政治的レガシーを欲しがる。政治家のそのような本能を考えると、鳩山・河野にとって、残されたソ連との戦後処理問題はうってつけの政治課題だった。

こうした情況の中での〈政政対立〉。鳩山派によって政権を追われた吉田派が、日ソ交渉に反対したのは当然の帰結だった。三木武吉の活躍によって一九五五年、保守合同で自民党が発足、鳩山が五五年体制下の初代総理大臣に就任するが、政権を追われた吉田や新興の佐藤栄作は無所属になり、党外の人だった。党内の半数以上が反鳩山で動いた。吉田学校のエースだった自民党の池田《いけだ》勇人《はやと》は、鳩山憎しの感情も手伝って、「鳩山がモスクワへ行くなら脱党だ、などといきまいていた」（河野、前掲書）。こうした大波にもかかわらず、対ソ外交を進めた鳩山は、日ソ国交回復という形でソ連との関係調整にピリオドを打った。

戦後の日本政治にあって北方領土問題については、「鳩山・河野」以降も、幾多の政治家が強いリーダーシップを基に、問題解決にチャレンジしてきた。田中角栄然り、中曽根康弘、安倍晋太郎、小沢一郎、橋本龍太郎然り。そして、晋太郎の次男・安倍晋三（前首相）に到るまで、レガシーづくりの夢を追ってきた政治家たちだ。

領土問題とサハリン抑留者問題への取り組みは、国家の大義として申し分ないテーマだった。それらの実現可能性が低いとしても、鳩山・河野の選択は〈ソ連との戦争状態終結〉という形で吉田政治に対して逆張りした歴史的意義を持つものとなった。

第二節　第二の大波——官僚派対党人派の外交対立

官僚出身者を大事にした吉田は、政党を毛嫌いした。だが、国会や政権運営には、政党の協力なくして不可能ということを、政権を担当してみて思い知った。このため、党人派の林譲治、益谷秀次、大野伴睦《おおのばんぼく》との関係を築き、党総裁の業務を代行させたが、貴族趣味の吉田は、党人派とはしょせん肌合いが違った。党務を任された林ら三人は「御三家」と称されたが、吉田は最後まで直参の旗本にはせず、「外様」扱いにした。吉田は、官僚出身者（橋本龍伍《はしもとりようご》・大蔵、佐藤栄作・運輸、池田勇人・大蔵、増田甲子七《ますだかねしち》・内務）を可愛がった。中でも、池田と佐藤は後に自前の派閥を率い、最高権力者の座を占めた。

一方の民主党・鳩山はと言えば、吉田とは逆だった。三木や河野のような自分と同じ党人派と親密な関係を築いた。が、改進党を率いて民主党に合流した、官僚出身政治家の重光とは肌が合わなかった。それでも、鳩山内閣でナンバー2の副総理兼外相に起用せざるを得なかった、その理由は、吉田打倒に貢献したためだった。

重光は、副総理兼外相への就任を当然と見なしていたが、後々、北方領土交渉をめぐって、首相・鳩山と外相・重光とは真っ向から対立する宿命にあった。〈日ソ国交回復〉を志向する鳩山は、内憂外患の窮地に立たされた政治の世界において、憎悪むき出しの吉田派と権力闘争を展開し、一方、政権内においては、重光との主導権争いを演じなければならなかった。それでも、鳩山側の調整役になった外交ブレーンの杉原荒太、そのカウンターパートとなった重光の腹心・谷正之(外務省顧問)との相性の良さがあったからこそ、日ソ交渉への準備が進み、実際に交渉が始まったのだが、鳩山の対ソ連外交は、いずれにしろ特異な二側面を持つ〈政官〉の戦いでもあった。

重光を積極的に支持した外交官グループは、谷正之のほか、ミズーリ艦上での署名式に随行した加瀬俊一(外務省参与)、太田三郎(この三人は「重光三羽烏」とも言われた)らだった。

†ドムニツキー書簡――ドラマの幕開け

サンフランシスコ講和後の日本外交は、国内政治における「鳩山・党人派対吉田・官僚派」の権力闘争に加えて、対ソ外交に絡んで生じた政権内における「鳩山対重光」の対立ドラマという二つの側面を有していた。特に後者は、鳩山が〈日ソ国交回復〉に強い関心を示せば示すほど、重光との心理的距離はどんどん広がって行った。

その点、首相官邸と外務省との二元外交の芽は、第一次鳩山内閣発足直後から始まっていた。日ソ交渉をめぐる鳩山と重光の対立が具体的に表面化するきっかけとなったのは、衆議院解散の翌日、一九五五年一月二五日早朝の一件だった。

通称「音羽御殿」として知られる現在の東京都文京区にある鳩山一郎邸を、二人のロシア人が訪れた。一人は、元駐日ソ連通商代表部首席代理ドムニツキー、もう一人は同二等書記官チェソフニコフ。ドムニツキーの訪問目的は、本国からの訓令に基づき、日ソ国交正常化に向けて交渉を呼びかけた文書を首相・鳩山に手交することにあった。これが、世に言う「日ソ国交正常化問題に関するドムニツキー書簡」である。書簡では、ソ連政府は「モスクワ又は東京のいずれかにおいて行われるべき交渉のため代表者を任命する用意あり」と述べていた。

当日朝、鳩山から電話での呼び出しを受けた杉原は、ドムニツキーとの面会の際、「君も来いよ」と促された。しかし、同席するのを遠慮し、隣の部屋で待つことにした。

面会は、内閣官房副長官・松本瀧藏《まつもとたきぞう》の英語通訳で行われ、いくつかのやり取りの後、十分足らずで終わった。ドムニツキーが部屋を辞去した後、杉原を招き入れ、鳩山は屈託のない態度で、会見の様子を語った。「ドムニツキーの顔を見るなり、僕は共産主義は大嫌いだから、君たちの方で、日本に共産主義の宣伝をする機会をつかもうとする企てがあるなら、僕は同意できない、といってやったよ」と言って、笑いながら続けた。ドムニツキーが、「あなたが共産主義嫌いであることは、ソ連側もよく承知しています。イデオロギーをおしつけて日ソ両国の正常化ができるなどとはまったく考えていません」というから、「そんなら文書をいただきましょうといって、この文書を受け取ったのさ」（杉原、前掲書）。

日本の立場を鮮明にしておくことは、外交上、大事なことで、それを間髪入れず談笑のうちにやってのけた鳩山。杉原はこの時、鳩山の外政家としての力量を見たのだった。

この後、杉原は鳩山の指示で、この文書を重光に届けるとともに、あわせて、外務省顧問の谷に、米政府に情報として通報するように依頼した。「ドムニツキー書簡」は定例閣議終了後、鳩山が首相執務室に重光を招き入れ、直接手渡した。久保田の記述によれば、その時、「重光は苦い顔をしたが、黙って受けとった」とある。

それには理由があった。都内の麻布《あざぶ》狸穴《まみあな》に置かれていた駐日ソ連大使館は、ソ連が対日戦争に参加したために閉鎖されたが、終戦後、対日理事会の「ソ連代表部」と称して復活、ソ連は自国が加わらなかったサンフランシスコ条約が発効した後も居座り続けていた。日本はソ連の正式機関として認めないながらも、「元代表部」という名前で黙認していた。

こうした状況の中で鳩山が首相に就任し、その言動に対ソ関係改善の意欲を見てとったソ連政府が、国交正常化交渉を持ちかけてきたのだ。鳩山内閣誕生の熱気冷めやらぬ、一二月一六日には、ソ連外相モロトフがモスクワ放送を通じて、日ソ関係の正常化に向けて呼びかけた。ソ連政府としては「実際的措置をとる用意がある」と。現に、ドムニツキーに指示し、交渉開始に向けた文書を日本側に手交するため、ソ連側は様々な働きかけを行った。しかし、ドムニツキーの面会要請に対してすら、外相・重光は頑として応じようとしなかった。固く施錠された扉はビクともせず、「重光外務省」の壁は厚かった。

鳩山に上から目線で振る舞う重光を表わすこんなエピソードが残されている。五五年の年が明け、元旦の宮中参賀の時、重光と顔を合わせた鳩山が聞いた。「重光君、例のソ連の文書、あれはどうなっているの」。すると、重光が答えた。「いやあ、あれは正式なものじゃないので、取りあげるわけにはいきますまい」。重光はソ連政府の「文書」を携行するドムニツキーと面会する気はなかった。まったく取りつく島もなく、鳩山は軽くいなされたというのである（久保田『クレムリンへの使節』）。

こうした経緯があったため、「元代表部」は鳩山に直接アプローチする作戦に切り換えたのだった。

「ドムニツキー書簡」が手交される三日前の二二日、重光は鳩山の施政方針に続いて行った外交演説で、対ソ政策に関する鳩山内閣としての基本的な原則を表明した。この中で重光は、「われわれはむしろ、日米協力を密接にし、わが国の国際的地位を強固にすることがかえって日ソの国交を調整する捷径《しょうけい》であると信ずるものであります」と強調した。

†ダレス覚書――米国ファクターの出現

　重光にとっては、日本外交の第一は米国との関係強化、ソ連や中国との国交調整は二の次だった。この、「日米協力を密接」にすることこそが、日本の「国際的地位を強固にする」との考え方は、鳩山の宿敵・吉田が敷いた対米協調路線の延長線上の意向表明にほかならなかった。その重光が、対ソ国交回復問題と正面切って向き合わざるを得なくなったのはなぜか。それは、一つには鳩山がドムニツキーと会い、日ソ国交交渉の開始を求める書簡を受け取ったという二五日朝の一件が、共同通信記者・藤田一雄のスクープ記事として、二九日に報じられたためだったと言われているが、もう一点、絶対に見逃せない裏舞台での動きがあった。

　サンフランシスコ講和以来、日ソ関係の動向に事細かに注意を払ってきた米政府の動きである。それは、かねて懸念を抱いていた米国の対日牽制《けんせい》が形となって顕われてきたものだった。上述したように、一月二五日に「ドムニツキー書簡」が鳩山に手交されたが、それに即応した米国が翌二六日、日ソ交渉に関する要望として「ダレス覚書」をまとめ、外交ルートで伝えてきたのだった。

「覚書」は、国交回復を目指す日ソ交渉が、サンフランシスコ講和で未解決の千島列島及び南樺太の帰属問題に関してソ連の主権を承認するような事態になることや日中接近のきっかけとなる可能性などを憂慮し、その上で、サンフランシスコ講和条約と日米安全保障条約という日米関係の枠組みに影響を及ぼさないよう、日本政府に求めていた。

〈日ソ関係は米ソ関係であり、日米関係である〉。北方領土問題に付きまとう米国の影が早くも色濃く日ソ関係に落ち始めたのである。後に「ダレスの恫喝《どうかつ》」につながる伏線がここにあった。重光にとってのアメリカとは、ミズーリ艦上で鈴なりになった屈強な男たちに見下ろされた体験が根源にあった。重光の目には、ミズーリ艦上の光景が焼き付けられており、それは、超大国アメリカからの重圧と切っても切り離せない巨大な呪縛と化していた。

「覚書」は二八日、アリソン駐日米国大使－谷外務省顧問のルートを通じて、重光の手に渡る。その内容は、重光がかねて神経を尖らせていた読み通りだった。日ソ交渉には米国の意向を無視できないのではないかとの予感が現実のものとなった。鳩山内閣が誕生して以来、この点に目配りしてきた重光だが、そこからは、重光が日ソ関係で鳩山に対して取った冷ややかな対応の真意がここに見て取れた。

†訓令一六号——日ソ交渉の下準備

二五日早朝の鳩山・ドムニツキー会見以来の一連の経緯は、後々、「鳩山・河野対重光・外務省」二元外交となる重大な萌芽を含んでいた。まるでソ連に仕組まれたように、日ソ交渉の土俵に引き込まれた鳩山内閣の対ソ外交は、早くも前途多難を思わせた。

まず、対処方法をめぐる考え方が違う鳩山官邸と重光外務省の間を今後いかにして調整し、対処方針を具体化するか、さらに交渉の全権を誰にするか、交渉地（場所）をどこにするか等々、いくつもの問題があった。二月四日の閣議決定を受けて、在国連ルートで交渉地がロンドンに決まると、鳩山の命を受けた杉原荒太と重光直系の谷正之が動き出した。二人は、日ソ交渉のお膳立てとして下準備を精力的に行い、政策文書案を作成した。その素案は杉原が書き、谷との協議を基に仕上げた公文書で、やがて始まる日ソ交渉の中で重要な政策文書となる「訓令一六号」だった。

六月にロンドンで始まった第一次交渉を取材した産経新聞記者・久保田正明が全文をすっぱ抜いた。外務省は具体的な対ソ交渉方針を明記したこの公文書を今も公開していないが、久保田のスクープ内容の正しさは、米国で公開された公文書によって裏付けられている。

第一に、二人はまず基本的に重要な点として、「交渉目的」をどう設定するかについて話し合った。協議の結果、交渉目的は「日ソ両国間の国交正常化」にあるとの案をつくった。意味するところは二点。一つは、交渉は「「日ソ両国間」のことに限り、第三国との関係をどうするかということは、交渉目的の中には含ませない」という点だ。さらに、それが意味するのは、日米安保条約の是非／あり方を交渉対象にしない、この方針を確認し堅持する、万が一、「ソ連側が、日米安保条約を解消せよというような要求に固執するならば、日ソ交渉そのものを解消するほかないと肚を決めてかかる」。その代わり、日本側も、今回の交渉で「中ソ同盟条約には触れない」

もう一つの意味するところは、交渉目的は「国交正常化」にあって「それ以上でもなく、それ以下でもない」という点。「それ以上ではなく」とは、ソ連との間に特別の政治的条約を締結するなどというような通常の外交関係の一線を越えるような協議はしない、「それ以下でもない」とは、抑留者引き上げ問題さえ解決すれば、それ以外の要求はしないというのではない、という意味だが、実際、領土問題のプライオリティは低かった。

そして、第二に、二人は「日ソ両国間の国交正常化のための条件」として、日本側が取りあげる問題の範囲と各問題に対する要求案について検討した。また、ソ連側が提起してくるものは何かを予測し、それらにどう対応するかをあわせて検討した。日本側の要求案は、その緊要度順に、三種類に区分したが、その中には、ソ連側が応じなければ、交渉自体の分裂もやむなしとの肚を決めてかかるべき絶対的な要求事項も含まれていた。

こう書き進んでくると、鳩山、重光は一枚岩で全権・松本をロンドンに送り込んだように見えるが、実は、二元外交の火種はこの時点で既に内包されていた。

†鳩山・重光の溝

杉原と谷は原案をまとめ、それを基に作成された外務省成案は、鳩山、重光に承認されたが、杉原は、下準備をした谷から伝え聞いた外相・重光の「内面の経緯」(『外交の考え方』)を思う時、交渉の前途は「風雨強かるべし」の予感を禁じ得なかった。

連日連夜、議論を重ねた二人に関する限り、「根本的な意見の食い違いはなかった」。谷の述べる意見自体はよく理解できたが、「それが重光外相自身の意見と、どの程度同じであるかよくわからなかった」。杉原は後にこう吐露したが、二人が原案をまとめあげた最後の晩の一件が後々判明する鳩山-重光の深い溝を物語っていた。

午前〇時頃、神田の旅館・駿台荘の奥まった一室。二人でまとめた原案を持って重光の所に向かおうとする谷は、「必ず、重光君の「裁可」を得るから」と言い残して部屋を出た。報告結果の知らせを部屋で待っていると、午前二時頃、谷から電話が入った。「せっかく君と約束したが、遅れてすまぬ。重光君に意見があってね」。杉原は「それでは、われわれの準備した案と、それについて外相には意見があるということを、そのまま明朝首相に報告にまいります」と言って電話を切り、床に就いた。が、しばらくすると、谷から再び電話があった。「君と電話の後、重光君にさらに話したら、あれでよいということだから」（杉原、前掲書）。

翌朝、杉原は、文京区音羽の鳩山邸に行って、原案内容と事の経過を報告した。熱心に耳を傾けた後の答えはあっさりしたものだった。「ご苦労だった。結構です」。その日、鳩山と重光が会談、原案の採用が決まったが、杉原の胸の奥には、心なしか騒ぐものがあった。鳩山の採用は「結構です」の一言だったが、重光の方はといえば、経緯のある「採用」だったからだ。

第三節　官僚政治家・重光葵の対ソ外交

†交渉全権人事――重光の意図

日ソ交渉の全権を誰にするか。衆議院総選挙（二月二七日投票）が鳩山民主党の勝利のうちに終わると、全権人事が動き出した。「鳩山・重光」対立含みの外交案件とあって、当初、難航が予想された。鳩山の腹案（「杉原全権」）は閣僚人事との兼ね合いで、いったん内定後に変更を余儀なくされたが、「松本俊一（衆院議員、前駐英大使）全権」案については、重光が米国との防衛分担金問題への対応に追われて余裕がなかったこともあって、すんなり決まった。

松本は、条約局畑を歩み、戦時中、重光・東郷茂徳《とうごうしげのり》各外相の下で外務次官を務めた外務省正統派の外交官だ。戦後、公職追放されたが、追放解除後、外務省に復帰、戦後初の駐英大使を務めた後、衆議院総選挙に立候補し初当選した。元々「吉田外交には批判的見解の持ち主」（久保田）で、ソ連側の全権代表ヤコフ・マリク（駐英大使）とはロンドンでの旧知の仲、当時の欧州情勢にも明るく、鳩山はすぐ気に入った。

日ソ交渉を数日後に控えた五月二六日、外務省事務当局が杉原・谷の原案を基に作成した「訓令第一六号」は、ロンドンでの対ソ交渉全権に任じられた松本に、重光から直接手渡された。だが、「訓令」には、抽象的、あるいは玉虫色の表現が多くあった。特に「交渉の重点問題」については、東京（外務省）でコントロールしようとする意図が透けて見える表現となっていた。

その観点から言えば、松本は、実質的には、重要局面において寸分も決定権限を持たない「弱い全権代表」の役回りを演じなければならない運命にあった。

ソ連が手にする対日交渉の切り札は、四枚あった。第一にシベリアなどソ連領内に抑留している一〇〇〇〇人以上の日本人、第二に占領した北方領土（南千島）。第三の切り札は、主権の回復となったサンフランシスコ平和条約の締結がソ連などを含まない片面講和だったために、日本が希望する国連加盟に対する拒否権（現に日本の申請に対してソ連は再三拒否権を行使した）、第四のカードとしては、日本人の食生活に密接に関わる北洋漁業問題があった。

厳しい交渉になるのは、最初から予想された。日本はどう臨むのか。

日本政府の基本的立場が明記された「訓令第一六号」のポイントは、「三（諸案件の解決）」の「ハ、領土問題」の箇所で、「(1)ハボマイ、シコタンの返還 (2)千島、南樺太の返還」に分けて明記されている点だ。あわせて、もう一点、「四（交渉の重点問題）」の箇所が、次のような表現で明記されていることに注目しなければならない。

「（略）わが方主張の貫徹に努力されたく、とくに抑留邦人の釈放・送還及び北方領土問題（引用者註。若宮啓文『ドキュメント　北方領土問題の内幕』は「ハボマイ、シコタンの返還」と明記）については、あくまでその貫徹を期せられたい。やむをえざる場合は抑留邦人の釈放・送還及び領土問題については戦犯の内地服役を認めることとする。先方の態度いかんによっては各問題の相関関係を勘案のうえ、当方の態度を決定する必要があるので、随時事情を詳細にして具して請訓されたい」

「訓令」の内容は、日本がまず自由陣営に属していることを明確にした上で、日米安保体制に亀裂が生じるような提案を絶対に受け入れてはならず、また国交正常化後に予想される国内秩序を乱すような宣伝活動をしないとの確約を取り付けるようにすること、そして、この基本的立場に立って、日本の国連加盟への拒否権不行使、戦犯を含む抑留邦人全員の釈放・送還、領土問題、拿捕漁船や乗員の送還を含む漁業問題、通商問題という五つの懸案を解決し、日ソ平和条約の締結を目指すというものだった。

鳩山がまず当面の決着目標として最も力点を置いたのが、五懸案のうちの〈抑留邦人全員の釈放・送還〉に直結する国交正常化の実現だった。これに対して重光が最も重視したのが主権国家としての正義を内外に示すための〈領土問題〉の解決だったのだが、それは、四島返還でなければ、〈ソ連＝悪玉論〉を基に形成された国民世論が収まらないという政治的計算と、ミズーリ艦上の調印式（降伏文書）以来の対米トラウマを引きずる元外交官・重光特有の対米忖度があったように思える。これに加えて、重光の心根には、「鳩山素人外交」という決めつけと、「外交のプロ」という強烈で果てしないプライドがあったのではないか。

鳩山・河野対重光・外務省の路線対立、二元外交の萌芽は、前述したように、杉原と谷の下準備の段階で、第一次ロンドン交渉がスタートする以前から厳然と存在していた。が、それは、単なる路線対立ではない。権力行使をめぐる主導権争いは、機微な感情のもつれを生み出す。政治的野望、官僚的功名心が入り混じり、交渉の正当な流れを曲げたりする。第一次ロンドン交渉で始まり、首相・鳩山の訪ソをもって締めくくられた日ソ交渉は、まさに、杉原が表した言葉通りの展開となった。

杉原は、重光が松本に手渡した「訓令」の内容を見て、「一種奇異の感じがしていた」。「訓令の中には具体的指針」は示しておらず、「初めから直接指揮に当たる外務大臣にすべてが保留されることになっている」ためだ。前述したように、杉原は谷との間で、交渉の進め方、内容などについて原則的な合意をしているものの、鳩山と重光の間には、表向きはどうあれ、基本的な考え方においてかなりの違いがあった。松本全権の出発時から、杉原が秘かに案じていたことが起こったのだった。

†「二島返還論」含む三段階案

国交正常化に向けた日ソ両国のロンドン交渉は、一九五五年六月三日に始まった第一次（一九五五年六月〜九月）を中断した後、翌五六年一月に第二次交渉として再開され、三月二〇日まで計二三回の公式会合が持たれた。日本側は松本俊一全権、ソ連側はマリク全権、お互いロンドンで顔見知りの二人が中心になって、精力的に協議を重ねたが、交渉は難航を極め、合意に達しなかった。

ここではまず、戦後、政界に転身後も、心は〝正統派エリート〟外務官僚の世界に生き続けていた重光と、対ソ交渉が置かれていた「大情況」に焦点を当てて見てみよう。

松本全権がロンドンに出発するのに先立って、外務省では交渉の進め方について協議された。その際、(1)南樺太、千島列島、北方領土がいずれも日本領であることを主張する、(2)択捉、国後、色丹、歯舞の北方四島の返還を妥結条件とする、(3)歯舞、色丹両島の返還を貫徹する、の三段階の案が検討されたが、「二島返還論」に直結する(3)は最後のカードとして、結局、最初は最大限の主張(1)をぶつけるということになった。

つまり、交渉事の鉄則として、最初は目いっぱい高く言い値をふっかけて、頃合いを見て有利な妥協を図るという手法だ。これは、国内世論や与野党内の強硬論が納得する形で交渉を進めなければならないこと、加えて対外的要因もあった。強硬な領土要求はアメリカを納得させるパフォーマンスだったと言える。なぜなら、既に五五年一月二六日の時点で、日ソ関係の成り行きに神経を尖らせていた米国の〝要望〟として「ダレス覚書」なる文書が、外交ルートを通じて日本側に届けられていたためだ。

ところが、本省の重光とロンドンの松本との間で、齟齬《そご》が生じる。

†マリクの囁き──松本全権、一瞬の期待

第一回ロンドン交渉が六月三日に始まってから二カ月、のっけから真っ向対立を続けてきた日ソ両国の距離は、いっこうに縮まっていなかった。ところが、八月五日、九回目の交渉が終わった後、日本大使館の庭で、お茶を飲んでいると、ソ連側の全権マリクが松本に囁《ささや》きかけた。

「ほかの問題が全部片づけば、ソ連側としては日本側の要求に応じて、歯舞、色丹を（ソ連側は歯舞、色丹を小千島列島という）日本に引き渡してもいいし、また軍事同盟禁止の条項は、日米安保条約の性質があなたのいわれるように純粋に防御的なものであるならば、例外の問題が解決すればこれを撤回してもいいように思う」（松本俊一『増補　日ソ国交回復秘録──北方領土交渉の真実』）

松本は半信半疑で受け止めたが、マリクは、モスクワに一時帰国して、交渉に間に合うようにロンドンに戻ってきたばかりだ。松本は、マリクの驚くべき言葉の根拠を推し測り、内心非常に喜んだ。「おそらくこれはジュネーブ巨頭会談へ出席したマリク全権が、フルシチョフをはじめソ連の首脳部と話した結果、新しい提案をする意図であろう」

マリクの囁きにはどんな背景があったのだろうか。それは、東西冷戦に雪解けの兆しと

なる現象がちらほら見え始めていたことだ。それは東西両陣営が相互に存在を認め合い、〈平和共存〉を模索するという時代への序章とも言ってよいかもしれなかった。

長期にわたってソ連の権力を独裁的に握ったスターリンが死去（一九五三年三月五日）、国際政治の潮流に大きな変化が現われて来た。同年七月に朝鮮戦争の休戦協定が成立、翌五四年七月には、インドシナ戦争に関するジュネーブ休戦協定が結ばれた。

第二次世界大戦終結から一〇年の〈一九五五年〉という年は、核戦争危機を憂慮する国際世論を背景に、国際政治の舞台に新たな潮流が生まれた。バンドン会議に刺激を受けた米ソ英仏の四大国がジュネーブで巨頭会談を開催。西ドイツが独立、NATO（北大西洋条約機構）加盟を条件に再軍備が認められ、ソ連側はワルシャワ条約機構を発足させた。

こうした潮流にあってソ連では、スターリン独裁体制にピリオドが打たれると、ポスト・スターリンをめぐり権力者たちの暗闘が展開されたクレムリン政局は、ニキータ・フルシチョフの勝利によって幕を閉じた。権力の頂点を極めたフルシチョフはここで外交政策の転換を試みたものと思われた。

第一次ロンドン交渉に話を戻すと、一九五五年八月五日、日本大使館の茶飲み話の際に松本になされたマリクの囁きは、こうした〈大情況〉の動きを背景に生まれたものと容易に想像がつく。

「マリクの囁き」の四日後、ソ連側は第一〇回会談（八月九日）の席上、新たな提案をしてきた。マリクは、それまで強く主張し続けてきた「日本の軍事同盟参加禁止」要求を撤回、日米安保体制の放棄を日ソ国交正常化の条件にしないことを明確にした上で、領土問題でも「歯舞、色丹についてはその他の諸問題の解決とともに話し合いをつける」として両島返還を示唆する案を正式に提示してきたのだ。

松本は、「ソ連側が歯舞、色丹を放棄し、第二条二項の軍事同盟禁止条項（一九五五年六月一四日ソ連側提出の平和条約案）を削除することによって、本件の交渉をまとめようとする意図」を匂《にお》わしたと受け止め、「これでこの交渉も双方の主張が歩み寄り、交渉の妥結も間近いのではないか」と期待をふくらませた（松本、前掲書）。

というのも、外務省が交渉に臨むにあたって進め方を検討した中には、最低限の要件を満たす落としどころとして、「二島返還」での決着案（三段階案の⑶）もあったからだ。

†握りつぶされた「二島論」

ところが、松本の請訓に対して重光は「四島返還」にこだわり、受け入れを拒否した。「いずれ適当な線で妥協するかどうかの決定に迫られることになるかもしれぬが、いま急ぐ必要はない」（下田武三『戦後日本外交の証言㊤』）と。重光は、「四島の無条件返還」を貫くとの方針を打電するよう下田（条約局長）に追加訓令を書くよう指示、その一方で、ソ連の提案自体を外務省一部幹部のみの「極秘扱い」とし、首相・鳩山にもまったく知らせず、握りつぶしてしまったのだ。「ダレス覚書」を受け取り、米国の重圧を感じていた重光には、この時点では米国の対ソ連ポジションと大きく懸け離れた「二島引き渡し」などによる妥協のオプションはなかったのである。

第一次ロンドン交渉では、一九五五年夏、外相・重光の猛烈な反対によって一時頓挫しかけた対ソ交渉だったが、同年夏から秋にかけての河野と岸の合作シナリオに勢いを得たかのように、鳩山は悲願の日ソ国交回復を目指して再び動き出した。

翌五六年一月、ロンドンでの交渉が再開された（第二次ロンドン交渉、同年3月まで）。政府内には、早期妥結派の鳩山に対する反対論は強かったが、交渉では、日米安保に直結する問題に関して、マリク全権が「口頭ではなく明確に文書化」した譲歩案を提示した。

ソ連の譲歩案は、歯舞・色丹の返還条件から「日本からの外国軍の撤退」を外し、歯舞・色丹を返還するというもので、口頭でなく明確に文書化したという点に重要な意義があった。対する松本全権は、「国後、択捉両島は旧住民のための平和的経営に任せることとし、ソ連の軍艦及び商船はその付近の海峡を自由に通過し得ることとし、日本に返還する」（「松本試案」）という内容で、マリク案に応えた。「試案」は、国後・択捉両島の返還を主張しつつ、返還後の統治方法にも言及、同時に、返還後の両島の「非武装化」を暗に提示したものと言われる。だが、日本政府が未だに資料を公開していないため、その意味や何を意図したものか正確には分かっていないが、マリクはモスクワに持ち帰った後、結局、受け入れを拒否した。

米国務長官ダレスが急遽訪日したのは、その六日後だった。日本滞在中、ダレスは、鳩山、重光、三木武吉らと相次いで会談。ソ連脅威論を改めて強調し、ソ連に対する警戒を緩めないよう迫るなど、対日圧力を一段と強めた。

ダレス訪日の背景には、二月の第二〇回ソ連共産党大会でフルシチョフ第一書記がスターリン批判の口火を切り、一党独裁下のソ連国内で言論抑圧が一時的に緩和される中、「雪解け」ムードによって日本の対ソ脅威認識が薄れるのを懸念した米国が、対ソ交渉において日本が譲歩するのを憂慮したのである。

米国にとって、日ソ関係は米ソ関係であり、同時に日米関係であった。

第二次ロンドン交渉も、領土問題でまったく進展なく頓挫したが、今度はダレス訪日に呼応するかのように、ソ連側が動いた。三月二一日の閣僚会議で、北太平洋・ソ連領海近接水域における日本の漁業活動には制限を課す方針を決定、唐突に発表した。

水産業界との関係が深い鳩山内閣は衝撃を受けた。特に、日魯漁業の社長ポストに就いたことがある鳩山側近の河野一郎（農相）は、政治活動の財政基盤としても水産業界との関係が深かった。このため、モスクワ漁業交渉の全権として訪ソすることになるが、この河野全権問題をめぐっても、外相・重光との間でひと悶着あった。

重光は対ソ関係に、柔軟姿勢の鳩山－河野が直接関与するのを警戒、河野全権に反対し、代わって、対ソ強硬派で四島返還論者の外務官僚・西春彦の起用を画策した。しかし、重光の画策は失敗、河野全権の訪ソが決まった。対ソ強硬派を背景に自民党幹部会は、河野がモスクワの協議で漁業問題以外の争点を取り上げないよう警告したものの、鳩山は、重光の強硬路線を転換する好機と見て、毅然として河野をモスクワに送り出した。

漁業相イシコフとの交渉は、難航を極めた。打つ手に窮した河野は、首相ブルガーニンとの非公式会談を強く要請、五月九日、クレムリンでの非公式会談が実現する。

河野が単身乗り込んだことから、この河野・ブルガーニン会談は、多くの謎を孕んでいる。会談でブルガーニンが表明したのは、⑴漁業協定は、国交回復が実現した後に発効する、⑵日本が要求している国後・択捉両島の返還に応じる考えはなく、この両島は現にソ連領土でである、⑶この問題は、日本がいわゆる「アデナウアー方式」による国交回復か、平和条約締結によってしか解決できない、の三点だった。

ここで「アデナウアー方式」とは、西独首相のアデナウアーが五五年九月に対ソ国交回復交渉で妥結した際に採用した方式を指す。具体的には、平和条約を締結することなしに、「戦争状態の終結」「大使の交換」「ドイツ人抑留者の帰国」を実現させたもので、日本もこれに準ずるよう求めたのだった。

第四節　自民党結党と対ソ外交

†重光訪米の奇妙な旅

一九五〇年代の対ソ外交は、日本国内における政局の動向と深く絡んでいた。ここで注目したいのは、外交と内政の連動だ。対ソ外交と保守合同をめぐる動きは、河野一郎や岸信介の頭の中では、密接に絡まっており、領土問題を棚上げにしたままの日ソ国交正常化の実現は、「鳩山花道論」を奏する主旋律へと転化していった。

五五年一一月の保守合同成立（自由民主党結党）を経て、約一年後、日ソ共同宣言という形で日ソ両国の国交が回復（五六年一〇月）、次いで悲願の国際連合加盟（同一二月）実現を以て鳩山政権が幕を閉じた政治ドラマ、そのシナリオを作成し、黒子として舞台回しを完遂したのは、岸‐河野（保守合同劇においては三木武吉も含まれる）だった。

保守合同の立役者、岸信介は、早くから着地点を見据えていた。三木と密接に連絡を取り合っている岸にとって、最大の関心事は、保守合同を実現した際の初代総裁をどうするかの一点だった。岸は周囲に語らずとも既に、着地点として「初代総裁は鳩山一郎」、すなわち「鳩山内閣の継続」を決めていた。

「鳩山総裁」案に対しては、吉田自由党に反対論が強かったが、岸は左右社会党の動きを見つつ、保守陣営内で足の引っ張り合いをしている時ではないと考えていた。脳溢血の病から立ち直り、国民から同情も得ている鳩山を「初代総裁」にし、熱意を示す対ソ国交正常化の実現を花道に、保守政治の安定化を構築したいというのが岸の考えだった。

失敗すれば、逆に保守合同への動きが不安定化への引き金となりかねない。何としても、保守政権の継続的安定のためには、「鳩山初代総裁」を前提にした保守合同が不可欠、というのが岸の政治判断だった。

保守合同は、鳩山と三木、河野、そして岸が連携したために生じたダイナミックな内政の力学だが、それがやがて鳩山対ソ外交に連動していく政変劇となった。吉田政治の積み残し懸案――日ソ国交正常化への取り組み、その成功は、鳩山にとって花道であり、政権のレガシーを意味していた。

「保守合同」の工作が進む中で、この頃の重光の孤影を映し出した象徴的なエピソードがある。

一九五五年八月下旬から九月上旬にかけて、外相・重光は訪米した。首都ワシントンで国務長官ダレスとの防衛問題をめぐる日米交渉に臨むためだった。三回に及んだダレスとの会談で、重光は、防衛費の分担問題ばかりでなく、日米安保条約の改定問題を持ち出し、日ソ交渉に対する米側の疑念をも解消しよう努めた。また、外相・重光にとっては、「大外交官」（豊田穣）として日本外交を一手にあずかるとの強い自負とプライドを誇示し、国内向けに自身の存在感を発信しようとする旅であった。

重光は、自身の行動を事細かに手記に綴ったが、不思議に思える点がある。この訪米には、鳩山側近の河野一郎（農相、欧州歴訪からワシントン入りし、八月二八日に合流）と、民主党幹事長の岸信介が同行、日米外相会談にも同席したのだが、『続 重光葵手記』に、この二人に関する記述は八月二八日の一カ所、「食後に河野、岸、松本諸氏と会合」とあるのみ。重光の手記からより強く伝わってくるのは、呉越同舟の〈奇妙な旅〉であったという点だった。

この〈奇妙な旅〉は、外交的成果よりも、内政の次元でダイナミックな動きにつながる強靭な結束を保守陣営に生み出した。

この時、岸は五八歳、河野は五七歳。二人は鳩山（七二歳）や三木（七一歳）より若く働き盛りの政界再編論者だった。米国滞在中、二人は今後の政局を見据えて突っ込んだ話し合いを行い、保守合同を協力してやり抜くことで合意した。公職追放から五年後に脳溢血で倒れ、健康問題を抱えながら、最高権力者の地位にまで昇り詰めた鳩山が〈有終の美〉を飾れるよう、河野は願っていた。保守合同の実現とあわせて悲願の日ソ国交正常化交渉をまっとうするために、岸の協力を求めたのだ。

「もしも君が、そうしてくれるなら、僕は君が総理大臣になるまで絶対に支持しようではないか」。これに岸は応えた。「異存はない。そうしようではないか」。内政の地殻変動とは無縁の舞台で踊った重光一行が帰国した後、ニューヨークに居残った二人がホテル・ピコールで交わした盟約だった（河野一郎『今だから話そう』、伊藤隆、矢次一夫『岸信介の回想』）。

首相・鳩山の外交的レガシーと内閣退陣までの花道を構想したプロットが、岸と、鳩山側近の三木及び河野といった黒子に共有されたのである。

五五年一一月一五日、自由党と民主党が大合同を実現して自由民主党が誕生、保守勢力の結集によって国内政治安定の土台が出来上がった。時あたかも、吉田外交がやり残した対ソ関係正常化をめぐる鳩山内閣の交渉が始まり、それと並行して、安定した政治の構築に向けた保守勢力の結集が進行した。その二年ほど前に朝鮮戦争の休戦協定が成立するなど国際政治にも変動要因が表出、保守合同に向かう国内政治の大きなうねりに被《かぶ》さるように、日本を取り巻く国際政治に大海の荒波がつくりだされて行った。「偉大なる事務家」重光が三度目の外務大臣を拝命したのは、再建途上の日本が、内外連動する二つの大波に対処しなければならない、この時だった。

重光訪ソ――豹変と挫折

重光は、鳩山主導の対ソ交渉に一貫して斜に構えて対応し続けたが、一九五六年夏、一転、「全権」として表舞台における交渉の主役になった。ソ連権力の中枢である旧ロシア帝国宮殿・クレムリンに足を踏み入れた重光。その日書きつけた日記（八月一〇日付）の件が、重光の心の表情を描き出しているようで、極めて印象的な書きぶりとなっている。

隻脚に重き思を託しつつ　クレムリン宮の奥深く入る
フルシーチョフとブルガニン　果たして打開できるや否や
クレムリンの門をくぐれば破鐘と　大砲とを見てやがて止まりぬ
クレムリンの閣議の室に招ぜられ　やがて対しぬフルとブルとに
フリシチョフ（ママ）、ブルガニン、シェピロフと　向うに廻して討論をするクレムリンに仰ぐ夏陽の蔭深く　モスコの平野限りなく見ゆ　（『続　重光葵手記』）

敗戦の年、重光の姿は日本全権として終戦詔書に署名したミズーリ艦上にあったが、この隻脚の「外交官」は、今度は勝者にならんと、米国と並ぶもう一つの対日交戦国・ソ連邦の奥の院に乗り込んだ。上記の日記の大仰に思える一節からは、自身で設定したクライマックスの舞台に身を置く役者の如く、気の昂《たかぶ》りに加えて「孤高の外交官」の大いなるプライドが伝わってくる。

そして、交渉では東京を動かせずに終わった結末。東京の強硬論は変わらず、重光の意に沿わない動きとなった。

重光日記の次の記述には、全権としてモスクワに出向いた「孤高の外交官」の憤激が伝わってくる。「鳩山は愈々病人なり」「東京に政府なしとの声、新聞記者の間に満つ」（一二日付日記）。続けて、重光はその時の痛憤を書きつけた。「昨夜、東京にて臨時閣議ありたる筈《はず》、未だ一度も請訓せぬに勝手に東京で騒ぐ。われ全責任を以て、解決せんとして東京に邪魔さる。張鼓峯《ちょうこほう》［の］ときは敵に押し、今度は味方を押す。東京は私慾《しよく》の塊なり」（一三日付）。

その二日後、交渉が行き詰まる中で重光は持論の「四島論」を捨て、譲歩によって事実上の最終決着に向けて方針転換したのである。重光は、日ソ国交回復交渉に関しては一貫して「四島返還」を前面に押し出し、「ほとんど不必要に思われるまで最初は強硬な態度を示した」（松本、前掲書）。

その重光が、全権としてソ連に乗り込んだ時、第一次モスクワ交渉（五六年七月）の最終局面になって、ソ連側の強硬姿勢の前に、一転、「二島返還」で決着を図ろうと態度を豹変させたのである。この早期妥結論は「重光の豹変」として後世に伝えられている。

強硬姿勢から唐突な態度豹変へ――。ソ連に対する重光の屈折した心理や、交渉終幕近くになっての「豹変」をめぐっては、謎の部分が少なくない。

そもそも、日ソ国交正常化交渉に関して重光は、鳩山の意欲にもかかわらず、それに乗らず、表向きまったくやる気を見せなかった。こうした重光の態度には、何が真の理由なのか不明な部分がある。五六年七月、場所をロンドンからモスクワに移しての交渉の全権を任されるまで、重光は、日ソ国交回復交渉に正面切って向き合おうとはしなかった。

「重光豹変の謎」を解き明かそうとする時「外交官時代のソ連体験」と「職業外交官出身の過剰なプライド」が大きく関係している点を忘れてはならないだろう。

†豹変の謎を解析する

重光の対ソ交渉に付き纏《まと》うこの謎は、降伏文書に署名した時、あのミズーリ上で体験した対米トラウマに加えて、駐ソ大使時代、強気で押した交渉の結果、自身が勝ち得たと思っている〝成功体験〟、職業外交官出身の過剰なプライド、保守合同の流れに乗り切れない官僚政治家としての傍流感という三つの側面から読み解ける。

重光は、一九三六年八月（モスクワ着任は一一月）から三八年九月（ロンドン着任は一〇月）まで駐ソ大使としてモスクワに勤務した。この間、満州・ソ連国境で頻発した紛争をめぐる外交交渉が大きな責務となった。特に張鼓峰での衝突事件（三八年）に関する対ソ折衝が、その後の重光対ソ外交における、主権をかけた国境問題の交渉に関する原体験となった。重光はその時、強硬な主張を貫いたが故に、停戦合意にソ連側も応じたと感じ、それが信念となった。

「特殊な国であるソ連との間に交渉をまとめるには、私のとった態度以外には方法がない」（松本、前掲書）。日ソ関係が緊張した時代における、この対ソ交渉が重光の〝成功体験〟となり、職業外交官としての自信とプライドが形成された。一九五五年以降の対ソ交渉における重光は、余りに頑なで反ソ路線を突っ走る、「きわめて非友好的な人物」（松本俊一）と、ソ連側には見なされた。

職業外交官出身者としてのプライド旺盛な重光だけに、鳩山・河野の対ソ外交への取り組みもしょせん「素人外交」としてしか見ていなかった。高飛車型の政治家という点では、傲慢・頑固な吉田と同じだが、吉田の場合は愛嬌があった。しかし、重光にはそれが微塵もなかった。「畢竟、彼はまだ大衆政治家になりきっていない。一個の偉大なる事務家」(豊田穣『孤高の外相　重光葵』)あるいは、重光を直接知る中曽根康弘によると、「とにかく官僚的な鎧兜を絶対に脱がない人で、ざっくばらんなところはまったくなかった」。東條内閣時代の重光外相は、「国際情勢の分析力や説得力は随一」と言われたが、中曽根は「私の知る限り、そんな面影はどこにもなかったね」と一笑に付した(中曽根康弘『天地有情――五十年の戦後政治を語る』)。

重光豹変の謎と挫折をさらに探ろうとするのであれば、もう一点、見逃してはならないのは、外交と内政の連動性に対する重光の無理解であろう。五五年体制構築へのプロセスにおいて、重光が終始、蚊帳の外だったこと、そして、その後も最後まで、重光は国内政治の流れには乗り切れなかった。

外相・重光は領土問題で強硬論を続け、最終場面で腰砕けとなり、その豹変ぶりを揶揄された。自身は鳩山外交の舵取りの主導権を握っていると思い込んだまま、実は、鳩山新党への合流後、自身の政治的居場所を喪失していたのだ。結局、対ソ外交で政策決定から外され、保守合同劇においても、重光の出る幕はなかった。それは、戦前/戦後を通じて外交官としての豊富なキャリアを有し、同時に、外相として高いプライドをあわせ持った孤高の政治家・重光の対ソ外交、悲劇の終幕でもあった。屈折した「官僚派政治家」重光の対ソ外交はこの時の挫折をもって終結した。

重光の最後の舞台となった第一次モスクワ交渉が失敗に終わると、国内では、待ち構えていたかのように、首相・鳩山が自身の訪ソに向けて、側近の河野らとともに動きを活発化させた。そして、五六年一〇月、鳩山自らがモスクワに乗り込み、吉田時代のサンフランシスコ講和で置き去りにされたソ連との国交回復交渉に臨んだのである。

これには、吉田派をはじめとする日ソ交渉反対派が反発した。しかし、首相就任前から、日ソ国交正常化に意欲を持ち、就任後も、政治生命を賭けると河野に漏らしていた鳩山の意思は固かった。鳩山の考えは、歯舞・色丹両島の返還を一時棚上げにしてまず国交回復を優先して実現する「アデナウアー方式」による決着だった。

そうした鳩山の意向に気づいていた重光は、ロンドン経由で帰国した後、歯舞・色丹返還というソ連・マリク案受諾による平和条約方式での決着を主張したが、外相・重光には最早、何らの影響力もなかった。重光が主導した対ソ外交は推進力を失い、既に深海の底に沈んでいた。

代わって対ソ交渉の前面に立った党人派、首相・鳩山と側近・河野（農相）は、外交官出身の松本（元駐英大使）に支えられる形で第二次モスクワ交渉（一九五六年九〜一〇月）に臨み、フルシチョフ、ブルガーニンらソ連側との激しい駆け引きの末、一〇月一九日、日ソ共同宣言の調印に漕ぎつけたのである。前年六月に始まった第一次ロンドン交渉から数えること、一年四カ月が経過していた。

†杉原は重光をどう見ていたか

政界にあって「大外交官」を自負する重光の対ソ外交を語るには、日ソ交渉の下準備など舞台裏で鳩山の外交ブレーンとして動いた杉原荒太が、重光をどう見ていたかを省くわけにはいかない。杉原については、日ソ交渉史の中でほとんど語られることのない政治家だが、その吉田との因縁、重光との因縁からしてしっかり検証しておかなければならない人物ではないか。杉原は、外務省で法規課長、条約局長を務めるなど、国際法に明るく、企画課長や調査局長、大東亜省総務局長を歴任、外交官に必要な構想力と厳格な規範意識を持っていた。

鳩山は、そんな杉原を全面的に信頼した。ロンドンでの対ソ交渉を始めるにあたって、日本政府の「全権代表」として考えていたのは、実はこの杉原だったことは前述した。鳩山内閣誕生後、「ドムニツキー書簡」が首相に手渡された時、同席したのは杉原であり、対ソ交渉の日本の方針について、外相・重光の側近、谷（外務省顧問）との協議・調整を行ったのも杉原だった。杉原は、日ソ交渉の開始後も、その展開をつぶさに追い、内情を見極めていたが、この間、重光の振る舞いに首を傾げることが多かった。

対ソ国交正常化交渉の終結からほぼ一〇年。杉原が万感を込めて上梓した著書『外交の考え方』の中で、鳩山の日ソ国交正常化交渉を、小村寿太郎のポーツマス講和条約交渉に並ぶ「日本のロシアに対する外交交渉の双璧」と位置づけて論じた。この著書で杉原の、重光への言及は一言もない。小村寿太郎対露交渉を引き合いに鳩山対ソ外交に賛辞を送っているのだが、それは同時に、ある種のレトリックを通じた重光批判が込められていた、と筆者は見る。

「小村は経綸外交家として稀代の偉材であった。外務大臣として小村ほどの大器は、外国にもめったに例を見ない。外務大臣としての小村は、みずから国家の柱石をもって任じながら、桂首相と完全に協力した。両者の間には相ともに信じ、相ともに許して、一体となって国家の大事に当る真の国士の姿が見られる」

この小村評価を裏返せば、名指しを避けつつ行われた痛烈な重光批判のメッセージだったのではないか。首相・桂太郎と「完全に協力」し、「一体となって国家の大事」に当たった外相・小村の姿こそ、「真の国士」にふさわしい。裏を返せば、外相・重光の一連の対応は、国士とは到底言えない、と。

そして、「外務大臣に大器を得て、しかもその外務大臣が首相と一体となって外交に当ることこそ、一国の外交がふるうための絶対の要件である。小器が外務大臣の椅子にかじりついていて、しかも、首相とは面従腹背、事毎に非協力であっては、その国の外交がふるうはずがない」。杉原による重光批判の止めの一発が、この箇所に埋め込まれている。

第二章　政治家の野望と北方領土

ペレストロイカ／グラスノスチの旗を掲げたソ連共産党書記長ミハイル・ゴルバチョフが一九八五年に国際政治の舞台に登場した。九一年一二月にソ連邦が解体されるまでの日本の対ソ外交。この間の日ソ交渉は政治家の野心に官僚の功名心も絡んで、一九五五－五六年同様、北方領土問題をめぐって〈政政〉〈政官〉の主導権争いが展開された。

米ソ冷戦終結宣言（一九八九年）を挟んで一九八〇年代末期から九〇年代初頭にかけては、日本外交の対ソ交渉史の中で実に興味深い転換期だった。その時期は、外務省ロシア・スクール（入省後、ロシア語研修を経てソ連問題に対処する外交官）が事実上独占していた八〇年代前半までの対ソ外交と違って、北方領土問題の進展を目指す政治家の野心が渦巻いた。そもそも北方領土問題は、北朝鮮との国交正常化と並んで戦後未処理の最も大きな課題、それゆえに、政治家の野望に火をつけやすい。対ソ外交の主導権を誰が握るのか。

野心滾《たぎ》らせた日本政界の実力者たちはペレストロイカ政策と「新思考」外交路線に着目、

ゴルバチョフのリーダーシップに期待を寄せながら、難交渉にチャレンジした。

首相退陣後も「元老外交」を展開する中曽根康弘は一九八八年夏、堅牢に扉を閉ざしてきたソ連の本丸クレムリンに斬り込んだ。その一年半後、不治の病に抗いつつ自民党訪ソ代表団を率いた安倍晋太郎(元外相)は、総理総裁候補として酷寒の大地に足を踏み入れた。そして、新世代の実力者、小沢一郎(自民党幹事長)は九一年三月、モスクワに乗り込み、ゴルバチョフと対峙した。三人は、「官」(外務省)との距離感を独自に測りつつ、三者三様に北方領土問題の決着に向けて死力を尽くした。

第一節　中曽根対ソ外交

†ゴルバチョフとの初会談

一九八五年三月、ソ連共産党書記長コンスタンティン・チェルネンコ逝去の報が世界を駆け巡った。外務省から報告を受けた首相・中曽根康弘は葬儀への出席を即決した。しかし、外務省は猛反対し、外相(安倍晋太郎)の出席にとどめるべきだ、と進言した。前々任者のレオニード・ブレジネフが逝去した時(八二年)、葬儀に出席したのは、当時首相だった鈴木善幸《すずきぜんこう》だった。外務省には、ブレジネフの後継者ユーリ・アンドロポフとの会談を申し入れたが、一顧だにされなかったという苦い記憶があった。同省の言い分は「今度また後継者に会えなければ国威の失墜につながる」というものだった。体面を必要以上に気にする官僚の性《さが》だ、と中曽根は感じた。

「変化」を志向する政治家の発想とは逆にベクトルが働く官僚の「事なかれ思考」とも言える。だが、中曽根の決意は固かった。「必ずゴルバチョフに会ってみせる」。外務省を押し切った。戦後政治の数々の修羅場を潜り抜けてきた政治家として、中曽根は、権力が交代する時、そのタイミングをつかめるか否かの重要性を誰よりも知っていた。「政権交代期というのは外交政策転換の絶好のチャンスになる」。中曽根が長年の政治家生活で体得した知見と信念であった。

チェルネンコの前任者、アンドロポフの葬儀（八四年）の時は、外相の安倍を派遣し、首相の中曽根は出席しなかった。その中曽根が、今回は出席する、と決断した。それは、ブレジネフ体制の残滓《ざんし》を引きずるチェルネンコの後継としてこの時登場した新世代の政治家ゴルバチョフには、大きな変化の予兆を感じたからだった。

一九八二年一一月末に誕生した中曽根政権の外交は、「アメリカをはじめ自由主義陣営との紐帯《ちゅうたい》を固めるのを最優先し、中国・ソ連の社会主義大国に対しては、しばらくの間は静観政策、すなわちwait and seeの姿勢をとった。しかし、ソ連・中国に対しても平等に安定した関係を築く、という外交の要諦に従って、あまり一国に偏した形はとらないというのが中曽根の外交手法だった（『中曽根康弘が語る戦後日本外交』）。

日米同盟の強化を前面に押し出す積極的外交を推進する中曽根政権に対して、ソ連は警戒感を強めた。日ソ間の懸案である北方領土問題が動き出す気配はなかったのだが、中曽根は、チェルネンコ死去に伴う、新世代のリーダー、ゴルバチョフ新書記長の登場を絶好の機会と捉えた。弔問外交をテコにした対ソ関係改善を目論んだのである。

中曽根が好機と見たモスクワ訪問だったが、外務省はそれに応えられなかった。最大の眼目としたゴルバチョフとの首脳会談に関して、在ソ連日本大使館はチェルネンコの葬儀が終わっても設定できなかったのだ。葬儀終了直後にソ連側が通報してきた首相チーホノフとの会談でお茶を濁そうとした。「チーホノフは首相ですから、同格でいいじゃないですか」。駐ソ大使・鹿取泰衛《かとりやすえ》は「官」の論理で説得しようとした。が、中曽根は一喝した。強引にソ連外務省と再交渉させた。その結果、翌日夕方になってようやく、一時間の予定でゴルバチョフとの会談が決まった。

首脳会談は、お互いペーパー（官僚が事前に準備した応答要領）なしで話が進んだ。しかし、肝心の北方領土問題になると、ゴルバチョフは口ごもった。同席した「ミスター・ニエット（国連安保理などでNOを連発したことからつけられたニックネーム）」の外相アンドレイ・グロムイコがメモを差し出した。ゴルバチョフがそれを読み上げた。「貴総理は、いわゆる領土問題について触れた。貴総理はこの問題に対する我々の立場をご存知であろう。これに加えて新たに述べることは何もない」（外交史料館所蔵外交文書）。

素っ気ない発言に中曽根が反論した。「返すも返さないも、日本のものだ、日本の固有の領土だ」。実は、この時点でのゴルバチョフは、北方領土問題について詳細に知っていたわけではなかった。今後、ソ連がこの問題にどう取り組むのかは、皆目見当がつかず、ミスター・ニエットの助けを借りざるを得なかったのだ。

政策変更は政権交代のタイミングがチャンスだという点を、政治家ゴルバチョフが心得ていなかったわけではなかった。後にゴルバチョフは回想録の中で、正直に告白している。「私はこの偉大な隣国との関係の正常化と改善を希望した。（略）しかし、関係正常化の道に横たわる障害がいかに大きなものか、私は十分わかっていなかった」と。

「過去に終止符を打ち、〝新規蒔き直し〟で行こうというのが当時のわれわれの希望だった。最初のころ、私は日本から来たすべての会談相手にこの言葉を繰り返した。日本が南クリール諸島（北方四島のソ連側呼称）問題にどれだけの重要性――国家的、政治的、情緒的、伝統的、心理的、つまりありとあらゆる面での重要性――を付与しているか、私はまだ感じとっていなかった。（略）議題に取り上げることさえ望まなかった」「（グロムイコの）決まり文句にしたがえば、領土問題は「戦争によって」解決しており、法的に四島のソ連帰属は決着がついている。さらにソ連は大国ではあるが、「余分な国土はない」――ということだった。しかし、「新思考」政策が形成されるにつれ、また問題の本質は何かを考えるにつれ、さらには私がますます頻繁に会談することになった日本の政治家の主張も影響し、結局は「領土問題」に踏み込まざるを得なくなった」（工藤精一郎、鈴木康雄訳『ゴルバチョフ回想録　下巻』）

†政治家の野心をめぐる「鞘当て」

新書記長が登場した一九八五年、その時点では、日本の対ソ外交を事実上独占してきた外務官僚には、打てば響くように即応する意識も心の準備も欠けていた。国際的な潮流となったゴルバチョフによる外交／政治のうねりには、日本でも、政治家が対応するしかなかった。八〇年代初頭、ゴルバチョフの存在にいち早く注目していた英首相マーガレット・サッチャーの慧眼には、かなり遅れを取ったものの、日本において「新しい風」の意味合いを感じ取ったのは、なお政権意欲満々の中曽根と、それにポスト中曽根を虎視《こし》眈々《たんたん》と狙う外相・安倍晋太郎だった。それは、中曽根首脳外交対外務省が支える安倍外相主導外交という構図となり、程なく永田町政局が絡む水面下での戦いに転化していく。

中曽根の自民党総裁としての任期切れは、八六年九月。それまでに一年を切り、ニューリーダー安竹宮（安倍、竹下登、宮澤喜一）のポスト中曽根争いが始まっていた頃のことだ。取り分け、第一次中曽根内閣以来、外相ポストを占めてきた安倍は、北方領土問題の解決に向けた日ソ関係の改善に意欲を示し、自身、いずれ政権を奪取する時の公約の柱に据えようとしていた。明らかに、中曽根が政権運営のスローガンに掲げていた「戦後政治の総決算」に対するニューリーダーのチャレンジだった。ゴルバチョフが登場して以来の中曽根が、北方領土問題の進展を自身のレガシー（政治的遺産）に見立て、日ソ関係の改善に意欲を燃やしていることを、安倍は強く意識していた。

九月、安倍は国連総会に出席するため、ニューヨーク入りした。エドゥアルド・シェワルナゼとの日ソ外相会談が開かれ、両国を取り巻く雰囲気が大きく変わってきたことを強く感じる。それは、守旧派の外相グロムイコに代わって登場した改革派の外相の名前を冠して〝シェワルナゼ効果〟とも言えた。対する中曽根は、その少し前、秋風が吹き始めた頃に受け取ったゴルバチョフの親書に応えて返書を発出。そうしたやり取りの中で、早期のシェワルナゼ訪日が固まった。

ゴルバチョフの政権運営が始動し、その動きが外からも見えるようになると、時の経過と共に、日本政府内にも、ゴルバチョフが本気で、停滞する対日関係の現状を何とか打開しようとしているのではないかとの期待感を持つ者も出てきた。

ゴルバチョフ外交の新風は、ヨーロッパにばかりでなく、アジア太平洋にも向かって吹き始めた。ブレジネフ時代以来淀んだ空気の中で行き詰まった対外関係を打開するため、西側との全面的な融和がゴルバチョフの考えだった。政治的および軍事的緊張を緩和したい米欧との関係改善はともかく、対日関係改善を目指すソ連側の真の狙いは何だったのか。ズバリそこには日本経済の存在があった。ソ連からすれば、一九五七年の日ソ通商条約／貿易支払協定締結後、一貫して増え続けてきた日ソ貿易が八〇年代になって低迷、軍備拡張によって痛めつけられた国内経済の窮状という背景があったのだ。

†在野のブレーンを活用

翌八六年一月に実現するシェワルナゼ訪日に先立って、ソ連側から動きが始まった。それを受け止めたのは、首相・中曽根のブレーン末次一郎（一九二二－二〇〇一）が主宰する「安全保障問題研究会（安保研）」だった。末次は、陸軍中野学校を卒業し、戦後は残された国家的課題の戦後処理に力を注いだ沖縄返還功労者の一人。シベリア抑留者の引き上げ問題や北方領土返還運動にも深く関与した。中曽根が「在野の国士」と呼び、対ソ関係でも、政官共に重きを置いた有力な助言者だった。

中曽根は、「外交的しきたりの範囲を出ない」外務省に飽き足らなかった。シベリア抑留の経験者でもある当時の駐ソ大使、高島益郎《たかしまますお》については「脇で見ているような感じだった」と冷ややかに回想している（『中曽根康弘が語る戦後日本外交』）。その種の外務官僚に代わって、中曽根は、ソ連権力に通じるロシア人とのコネクションを持つ末次を積極的に活用した。また、後々、中曽根が一定の信頼関係を築いた数少ない外務官僚、それはロシア・スクールの東郷和彦だった。

一九八五年秋、エフゲニー・プリマコフ（世界経済国際関係研究所［IMEMO］所長）、アレクサンドル・ヤコブレフ（党宣伝部長）ら、ゴルバチョフ側近の国際派が安保研の招きで来日、日ソ間でざっくばらんな意見交換を行った。

この会合は末次の呼びかけに応じて、七〇年代前半からプリマコフがIMEMO副所長の時に始まった「円卓会議」をベースにしたものだ。毎年一回開かれるようになった「円卓会議」は、最初、北方領土問題では日ソお互いが聞く耳を持たないような議論に終始したが、その後、プリマコフは実りある対話のチャンネルとして評価するようになった。「徐々に氷は融けた（略）両国関係で前進の基礎を築いたのは、ほかでもない私たちの会合であった」（『クレムリンの5000日──プリマコフ政治外交秘録』鈴木康雄訳）

今回の円卓会議におけるソ連側の発言からは、ゴルバチョフの対日姿勢が読み取れた。

一一月二六日、末次、猪木正道《いのきまさみち》（元防衛大学校長）らが、プリマコフやヤコブレフらと懇談した。この時どのような発言をしたか、記録に残っていないが、ヤコブレフの訪日は、党宣伝部長として、ゴルバチョフによる対日外交のための仕込みをするのが主眼だったと見られる。

「円卓会議」のテーマは、翌八六年一月に予定されるシェワルナゼ訪日、新党綱領、ソ連外交の変化など多岐にわたったが、ソ連側は、主にプリマコフが「米欧日三つの資本主義国（地域）の極とはバランス良い関係を構築しなければならない。特に日本の経済力は、ソ日関係改善の動機になる」と強調し、次のように語った。

「北方領土問題――両国の関係改善で心配なのは、北方領土問題以外の問題を忘れてしまうこと。ソ連外相の八年ぶりの来日が互いに失望に終わらぬようにしなければならない。沖縄返還の時の日米のように、一方が全面的に折れるというのではダメだ。

日本に望むこと――北方領土の棚上げや日米安保の廃止より、本物の信頼感に立つ長期的関係を確立することだ。われわれは、純粋に軍事的側面についてのみ心配している。在日米軍基地が一番気になる。三沢のF16戦闘機はどこの国を目標にしているのか。

ゴルバチョフ書記長の訪日について――（翌年）一月のシェワルナゼ訪日がうまく行き、

次いで安倍外相の訪ソとなり、それもうまく行けば、当然、双方ともレベルアップへの意欲が出よう」（外交史料館所蔵外交文書）

日本側の立場は、ソ連科学アカデミー東洋学研究所副所長の朝鮮系ロシア人ゲオルギー・キム教授とも個別に懇談（ソ連外務省のゲオルギー・クナーゼ同席）した末次の言葉から拾うことができる。「ポイントは、シェワルナゼ外相が「未解決の諸問題」についてどういう態度をとるかだ。もしも「存在しない」「解決済み」というように木で鼻をくくるような態度を取るなら来日しない方がよい。つまり、両国間にあるすべての問題について話し合うという態度が重要で、まず、一九七三年の共同声明にある「未解決の諸問題」の存在を認めることが前提だ」（同上）

「未解決の諸問題」とは、北方領土問題を含む日ソ間の諸懸案を指すが、日本には、ソ連から様々な煮え湯を飲まされてきた苦い記憶が残っている。その一つがプロローグで紹介したように、田中角栄（首相）が訪ソした時の一件だ。その時、田中はブレジネフ（書記長）に「諸問題」の中には北方領土問題が含まれると、口頭で認めさせたのだが、文書に明記されることはなかった。ソ連側は後になって前言を翻した。「日ソ間に領土問題などない」と主張し続けてきたのだ。

プリマコフは末次の考え方に対して別途、次のように反論している。日ソ両国は改善に向かって非常に良いチャンス（シェワルナゼ訪日）を目前にしている。相互のアプローチが大切で、従来の固い立場に固執ばかりしていては前進しない。何らかの実りがなければ、この訪日はむしろマイナスになってしまうので、とにかく対話を始めることが重要だ。

末次の安保研は、首脳に直接アクセスできる有力者たちが集い、率直な意見交換ができる、日ソ双方の外交にとっての貴重な場だったが、今では、「国士・末次」のようなソ連にストレートに物が言えて、なおかつ日本政界に影響力のある在野の実力者はいない。

†プリマコフの牽制球「二島返還論」

安保研究会との討議終了後、「円卓会議」の一行はソ連に帰国したが、それから二週間も経たない一二月五日、プリマコフは再び来日した。今度は、国連大学理事会への出席が表向きの理由だったが、首相・中曽根、外相・安倍をはじめ、一一月には会えなかった要人と相次いで会談した。翌年一月のシェワルナゼ訪日に向けた情報収集と地ならしを兼ねていたのだ。一連の会談でプリマコフは、次のような言葉をぶつけて日本側の反応を窺《うかが》った。「ソ連は急いでいない。中国と日本は二〇〇カイリ問題となった時、領土問題について来世紀まで棚上げして合意しているではないか」「双方の譲歩が必要だ」（一九八五年一二月五日－一四日。外交史料館所蔵外交文書）

プリマコフは九日間滞在した後、帰国するが、しばらくして永田町や霞が関に北方領土をめぐる怪情報が流れる。朝日新聞は、プリマコフが外務省幹部に伝えたという「日本政府は日ソ共同宣言の内容に注目すべきだ」との発言を捉えて、『二島返還を示唆？　ソ連側が非公式打診』（一二月二七日付夕刊）と報じた。年明けになって、「ゴルバチョフのブレーン、二島返還論を示唆」と報じるメディアもあった。

　八〇年代前半、軍拡重視を背景に極度に悪化したソ連財政は、国内経済を逼迫《ひっぱく》させ、国民生活の窮状に追い打ちをかけた。当時のソ連からは、日本が最先端技術によって経済が繁栄する「夢の国」に見えた。ジャパン・アズ・ナンバーワンという「経済大国日本」のイメージは、豊かさの象徴としてモスクワに伝播《でんぱ》していたのである。

　ゴルバチョフ政権は、日本の経済力を引き込むために、グロムイコ（ソ連前外相）の「ニエット」路線の変更、否、――路線が少なくとも変わり得るという印象を日本に与えなければならなかった。一連のプリマコフ発言は、日本国内で今日まで続く論議の伏線となった。「二島返還か四島返還か」という論点、さらにソ連が重視する「在日米軍基地」問題、その上で、「双方の譲歩が必要だ」という念押しは、「引き分け論」という現在のプーチン発言にもつながるものだ。

第二節　安倍晋太郎の野望

†外務官僚への五項目指示

一九八六年一月、「新思考外交」を打ち出したソ連外相シェワルナゼの訪日が実現、日ソ対話は本格的な軌道に乗った。次の焦点は、外相・安倍晋太郎のソ連訪問に移った。安倍は、ゴルバチョフ登場以前、既に対ソ外交を自身のライフワークと定めており、西山健彦《にしやまたけひこ》（欧亜局長）と野村一成《のむらいっせい》（ソ連課長）に対して、今後の日ソ関係に取り組むにあたっての自らの所信と希望を伝えた（外交史料館所蔵外交文書）。

安倍は「北方領土問題を含む平和条約交渉をやったという実績を残すこと。東京とモスクワとで一往復、同じことをやっておけば、はっきりとした実績になると思う。このようなことを行うためには、自分が適していると思っている」と強調した。

その上で、(1)自身の訪ソはシェワルナゼ訪日の時と同様、会談を中心とするビジネスライクなものにする、(2)会談のテーマもシェワルナゼ訪日同様で、北方領土問題を含む平和条約交渉をはじめとして、二国間問題について忌憚のない話し合いの場とする、(3)この機会に少しでも二国間の諸懸案の進展が見られるように努力し、特に旧島民の北方領土墓参再開と文化協定締結問題については本訪ソ中に決着させる、(4)今回の訪ソは、東京サミット後、ソ連とサミット参加国の最初の政治対話として世界も注目しており、国際問題についても取り上げる、(5)モスクワ滞在中にゴルバチョフ書記長との会見をアレンジするよう指示。さらに、「この際はソ連外相訪日の際には日本の最高首脳と、日本外相の訪ソの際にはソ連書記長との会見が必ず行われるとの慣行を確立させたい」との決意を示した。

特に、安倍は当面可能なものとして、七六年に中断を余儀なくされ、旧島民が最も切実に希望していた北方領土墓参の再開の実現に強くこだわった。

安倍が念頭においた訪ソの時期は八六年五月下旬。安倍の意向を踏まえて、外務省は欧亜局長、ソ連課長を中心に本格的な準備に入った。課長の野村は、安倍訪ソの成功に向けて、各論ごとに実現可能なものを頭に描きながら、ソ連側との調整を進めた。

まず北方領土問題については、一月の外相シェワルナゼとの会談のやり取りの繰り返しと、一月一九日付の日ソ共同コミュニケと同一文章に合意する。次に、北方墓参は今年夏には実施する。そして、日ソ文化協定に署名し、科学技術協力委員会再開のための具体的な細目について合意する(外交史料館所蔵外交文書)。

だが、ソ連側の回答ははかばかしくなかった。まずは、墓参問題で駆け引きが始まった。

野村は在京大使館のアブドラザコフ（参事官）に伝えた。「墓参の早期実現が困難なら、安倍訪ソ自体が困難になる。北方墓参の実現なくして成功とは言えない」。安倍も担当の記者に、「そのような状態であれば、訪ソは慎重に考えなければならない」と漏らし、揺さぶりをかけた。

実務者レベルの一進一退の調整が進められる中で、言葉とは裏腹に訪ソに意欲を燃やす安倍は、昼食会の席上、ピョートル・アブラシモフ（駐日ソ連大使）に語った。「（墓参問題の）解決の目処《めど》をつけて訪ソしたい。私の訪ソへの熱意は変わりはない」

しかし、この頃、安倍にとって最も気がかりなことがあった。それは、訪ソのタイミングと国内政局の流れで、外交と内政の相互連動だった。

†安倍・中曽根の鞘当て

当時の「総裁任期は二年再選まで」という自民党則規定に基づくならば、首相・中曽根（自民党総裁）の任期は、八六年九月には満了となる。だが、年が明けると、中曽根が衆参同日選挙に打って出るのではないかとの観測がしきりに囁かれ始めた。目論見通り、参院選とあわせて衆院解散に踏み切れれば、自民党は大勝できるとの読みが中曽根にはあった。とすれば、それを機に中曽根総裁任期延長論が出て来る可能性がある、と。

一方、中曽根政権誕生以来、外相ポストで中曽根を支えてきた安倍としては、その経験を生かして、名実ともに安倍外交を展開させたいとの思いが募っていた。とりわけ、ゴルバチョフ－シェワルナゼに代わった新生ソ連との間で、残された戦後処理問題を解決させたいとの政治的野心が、安倍には芽生えていた。

その意味で言えば、ソ連訪問を五月下旬に設定しようとした安倍の案自体が、中曽根が通常国会を延長し、衆参同日選挙に持っていこうという狙いを潰そうとする思惑があったと見ることができる。

現に、安倍訪ソ「五月説」は早い段階で報じられた。その新聞報道について、官邸秘書官からの問い合わせが外務省にあったことを聞いた安倍は、西山と野村に指示している。「（官邸からまた聞いてきたら）自分に直接聞いてくれと言っておけば良い」「官邸の関心は、ソ連との関係でどうなのかということではなく、内政上の考慮からだと思う。五月下旬にこのような重要な外交日程を組むということは、同時選挙がないという見通しの下であろうから、そういうことを言われては困るという考慮なのであろう。官邸から自分のところに言ってくれれば、逆に『まさか、そういうことを考えての話ではないでしょうね』と言ってやる。おそらく自分のところには言ってこれまい」（八六年三月一三日付公電。外交史料館所蔵外交文書）。安倍発言には、中曽根官邸に対してかなりトゲトゲしいものが含まれ、中曽根への対抗心が明確に読み取れた。それは、対ソ外交の主導権争いという側面ばかりでなく、総裁任期延長を中曽根は狙っていると安倍の目には映っていたためだ。

安倍発言を受けて野村が動いた。「カーピッツァ次官より五月末の大臣訪ソにつき肯定的に検討を進めているとの感触を得たし、ソロビヨフ部長は、内々に、来週末（二一日）にでも、回答できる見込みである。もっとも、五月末になるのか、その数日前になるのかが解らないという点が、若干悩みの種です」。日程調整の現状を説明された安倍はやや困ったような顔をした。「同時選挙ということになれば、訪ソ自体が難しくなるなあ」

ソ連側も、安倍訪ソの日程に絡む日本の政局に強い関心を持っていた。在京ソ連大使館筋は、「実際、同日選挙が行われて、自民党が勝てば、あと一年余、中曽根総理の任期が延びる可能性が強い」と見ていた（外交史料館所蔵外交文書、黒塗りされたアブドラザコフ参事官発言部分）。

一方の中曽根はと言えば、自身のライフワークとして北方領土問題への取り組みを位置付けており、対ソ外交の主導権を引き続き握ろうとしていた。安倍には外交上の点数稼ぎはさせたくない、という気持ちがあった。中曽根・安倍の関係は、表面的にはともかく、水面下では、虚々実々の主導権争いが激しさの度を加えていたのである。

外相・安倍の秘書官を務めた元外務省幹部は、当時を回想している。ポスト鈴木を争う自民党総裁選（一九八二年）に出馬したが、中曽根に敗れた安倍の対抗心は、外交において「凄まじかった」。首相の求めに応じて同行したウィリアムズバーグ・サミット（先進国首脳会議、八三年五月）や、インド首相・ガンジーの国葬参列のため共に訪印（八四年一一月）した際の弔問外交などにおいて、中曽根外交を際立たせたい首相周辺との間で、実際トラブルがあった。トラブルが些細なものであっても、その積み重ねが安倍を苛立たせた。

†外相・安倍外し

安倍晋太郎の訪ソは五月末に実現し、シェワルナゼとの日ソ外相会談がモスクワで行われた。その結果、北方墓参の早期実施に合意するなど、一定の成果を収めた。しかし、懸案の北方領土問題については、進展の気配すらなかった。安倍の表敬訪問を受けたゴルバチョフは「日ソの接触が広がる傾向にあるのは好ましいことだ。日本を訪問する希望を持っている」と、日ソ対話の拡大に向けて訪日に意欲を示したものの、北方領土問題については冷たくあしらった。「日本は、取り上げてはならない問題を取り上げようとしている」

一方、国内政局は、安倍と同じくニューリーダーと称される竹下登（蔵相）の後見役・金丸信《かねまるしん》（自民党幹事長）の支援を得た中曽根が、大胆な策に打って出た。衆院解散のネックとなっていた衆院定数の違憲状態について、定数是正法案の参院可決・成立（五月二二日）によって解消すると、いったん国会を閉じた。ところが、その五日後の二七日になって中曽根は閣議で、六月二日に第一〇五回臨時国会を召集する方針を決定、衆参同日選挙への道を開いた。主導権を握った中曽根は、国会を召集したその日に、電光石火、衆議院解散に踏み切ったのである。政府は、参議院議員通常選挙と同時に衆議院議員総選挙を行うことを閣議で決定し、憲政史上二度目の衆参同日選挙に突入した。誰もが裏をかかれた結末で、後にこの時の衆院解散は「死んだふり解散」と呼ばれるようになった。

選挙の結果は、与党・自民党が衆参両院で圧勝。中曽根の党総裁としての任期は特例により一年延長された。

大胆な手で勝利をものにして勢いを得た中曽根は七月二二日、一気に内閣改造を断行した。そこで、中曽根は、外相ポストから安倍を外すのに成功した。後任の外相には、自身の中曽根派から倉成正を抜擢した。倉成は安倍とは当選同期、中曽根とは河野派以来の深い関係にある中曽根忠臣の一人だった。この外相人事は用意周到に練られたものだった。これを機に、中曽根は官邸主導外交の推進を一段と鮮明にした。加えて、どこまで偶然が働いたかは分からぬが、外務大臣秘書官には、ロシア・スクールの将来のエースとして期待されていた東郷和彦が起用された。倉成外相人事は、対ソ外交に意欲を燃やす安倍の意識を萎《な》えさせ、また実績を削ぐような意図が込められていた。ポスト中曽根をもにらんで、安倍外交を盛り上げてきた外務省内には、さらなる官邸主導の外交に強い警戒感が広がった。

　中曽根の人事は実に巧みだった。安倍は、蔵相を外れた竹下登（幹事長）と共に党三役の一角（総務会長）に封じ込められた。竹下の後任には同じニューリーダーの宮澤喜一が起用された。副総理には、自民党の最高実力者・金丸を配して重しを利かせた。政府・与党のバランスを絶妙に取るとともに、ポスト中曽根を目指す安竹宮三人のニューリーダーを自身より「格下」に位置付けて、横一線で競わせる布陣を敷いたのである。

　ポスト中曽根を競うニューリーダー三人は結局、当の中曽根に指名権を握られてしまったのである。一年が経過して、八七年総裁選びのステージに足を運んだ中曽根は、自身の後継に「外交の安倍」ではなく、永田町政治の調整と根回しに長けた「内政の竹下」を指名した（中曽根裁定）。そして、竹下内閣の外相には、中曽根の要望に応じて、倉成と並ぶ中曽根忠臣の宇野《うの》宗佑《そうすけ》が起用された。さらに、宇野は対ソ関係を所掌する欧亜局長に、中曽根の首相秘書官を四年間務めた長谷川《はせがわ》和年《かずとし》（一九五七年入省）を抜擢した。省内主流の幹部からすれば、「想定外の人事」だった。

第三節　闘論・中曽根対ゴルバチョフ

†元老外交始動

対ソ外交をめぐり安倍晋太郎との主導権争いを演じた中曽根康弘は、一九八七年一一月、首相の座を退き、五年余にわたる長期政権の幕を閉じた。だが、中曽根は早くから首相退任後の外交活動を支えてくれるシンクタンクの創設を考えていた。それまで培ってきた国際的人脈や外交力を生かせる「元老外交」の足場、それが世界平和研究所（現理事長・藤崎一郎元駐米大使）だった。自身の後継として、「内政の竹下」を後継に指名した大きな理由のひとつも、外交の分野でバッティングする安倍を回避する、その点にもあった。

中曽根は首相時代、北方領土問題をめぐる外交で実質的な成果は得られなかったものの、首相退陣後の一九八八年夏、稀代の外政家として踊るにふさわしい舞台を得た。それは、中曽根が熱望していたゴルバチョフ（書記長）との会談のためのソ連訪問だった。官僚として同行したのは、外相秘書官を務めた後、ソ連課長に就任したばかりの東郷和彦だった。

七月二二日、モスクワ入りした中曽根は、二時間四〇分にわたってゴルバチョフと会談した。会談は丁々発止《ちょうちょうはっし》、打てば響く答えが双方から返ってくる充実した内容となった。官僚のシナリオ抜きで、ゴルバチョフと視野広く濃密な論議が堂々とできる政治家は、中曽根を除いて当時の日本にまずいなかった。この時のやり取りは、ゴルバチョフが何を考えているかを理解する上で、外務省にとっても貴重な外交記録となって残された。『ゴルバチョフ回想録』を基に一部再現すると次のような会談だった。

ゴルバチョフが日ソ関係について、世界に生じているプロセスより大幅に遅れている、と切り出すと、中曽根はうなずいて、この状況を打開するために是非とも尽力したい、と表明した。そして、のっけから「スターリン批判」で切り込んだ中曽根の発言が、まずはゴルバチョフの関心を引いた。さらに中曽根は、二年前にゴルバチョフが鳴り物入りで外交演説を行ったソ連極東の窓口ウラジオストクが、日本人にとって危険な軍事基地のイメージしかなく、極東におけるソ連の文化的/経済的地歩の脆弱性《ぜいじゃくせい》を強調するなど、淀みなく持論を展開した。

†ゴルバチョフのロジック

『ゴルバチョフ回想録』によると、最後に中曽根の方から北方領土問題を取り上げた、となっている。ゴルバチョフは「物腰は丁寧だったが、いつもの病的なテーマを取り上げた。

つまり「ソ日関係の障害」のテーマだった」という表現で、相当の皮肉を込めて書き記している。

しかし、日本側の記録（中曽根『天地有情』）によると、「ソ日関係について、原則的な話をすれば」と前置きして、ゴルバチョフが持ち出したことになっている。

ゴルバチョフの主張を要約すると、(1)「第二次大戦の結果」という「歴史的現実」を現実として日本は認めるべきだ、(2)一九五六年の段階においてソ連は国交正常化のために歩み寄り、二島（歯舞・色丹）返還（引き渡し）という合意の形で「善意」（『ゴルバチョフ回想録』では「寛大な措置」と表現）を示したが、日本はこれを拒否した、(3)当時の情勢に合ったチャンスを逃したのは日本だ、というのである。そして、米国との関連で言えば、日本は米国との安保体制構築によって、極東地域の安保環境を激変させた結果が現状であり、日島の問題を解決しようと思うなら、日米安保体制に関する何らかの変更措置が必要であることを示唆していた。

以上のゴルバチョフの対日反論の論点・論理構成は、ソ連邦崩壊後に登場したエリツィン（ロシア大統領）時代の一時期を除いて、現在のプーチンまで、変わらぬロシアの立場として不動のものとなった（ただ、五六年宣言をめぐっては、ゴルバチョフが過去の遺物として片づけたが、プーチンの場合、プロローグで言及したように、首相・安倍晋三をそれで惹きつけ、「日ソ共同宣言」を平和条約交渉の基礎に位置づけるとシンガポールにおいて合意、「一九五六年」に回帰するのに成功した）。

ところが、ロシア側は、〈歴史的視点〉としての「現実（大戦の結果）」認識と〈地政学的視点〉としての「日米安保体制」の立場は不変で、そのロジックの立て方には、「引き分け論」を唱えるプーチン流の罠が隠されているように見える。

時を元に戻せば、ゴルバチョフに対して中曽根は、(1)戦後の現実と言っても、欧州とアジアでは情況が大きく異なる、(2)アジアでは数万の命を捧げた沖縄を米国は日本に返還した、(3)第二次大戦の現実に照らせば、スターリンは、失効していない「日ソ中立条約」に違反した上、日本がポツダム宣言を受諾した後に、北海道に所属する島々に派兵し、侵略・占領したという歴史的事実がある、(4)北方四島（歯舞・色丹・国後・択捉）は日本固有の領土であり、日露通好条約、千島樺太交換条約という国際条約でも明確になっている、などと、〈地政学的視点〉と〈歴史的視点〉から日本の立場を堂々と主張した。

話し合いは平行線に終わったが、ゴルバチョフは、「日ソ対話の窓」を深化させる必要性を忘れていなかった。この会談をまとめようと提起したゴルバチョフは次のように付け加えた。

「最高首脳レベルの訪問を行なう可能性も排除されていない」「哲学から現実的政策レベ

ルに下ろし、問題を検討していきたい」「英知、経験は国際情勢の健全化のために生かされるべきであって、ステレオタイプ、古い考え方が出てきて停滞を招くために利用されてはならない」

†「新思考外交」のほのかな香り

中曽根・ゴルバチョフ会談では、両者ともに確かに原則論を譲らなかった。だが、ブレジネフ、アンドロポフ、チェルネンコと続いた体制の下であり得なかった言葉が、ゴルバチョフの口から飛び出した。長期にわたってソ連外交を牛耳ってきたグロムイコの時代に比べると、隔世の感があった。

「変化」を志向する改革の旗手を自負するゴルバチョフとの「対話」――歴史的視点、地政学的視点を踏まえて、中曽根は視野広く縦横に自身の政治哲学をもって議論を戦わせた。随行した者の目には、政治家として得た充足感が心身の隅々にまで生き渡っているように見えた。この日の会談は、首相在任中に提起した「包括的対話」（外務省対ソ外交「政経不可分」路線からの脱却）の実現であり、やがて「拡大均衡論」を導き出す一歩となった。

会談終了後、中曽根は宿泊先のソビエツカヤ・ホテルのスイートルームに戻り、充実感に浸るように体を休めた。夕暮れ時、会談にノートテーカーとして同席した外務省ソ連課長・東郷は、中曽根に呼ばれた。中曽根は、東郷へのねぎらいの言葉とともに、その場でさらさらと墨書きした一枚の紙を手渡した。紙には、七〇年代、中曽根がかつて所有し、レーガン米大統領夫妻を招いたこと（一九八三年）もある「日の出山荘」（東京都西多摩郡日の出町）でひねり出した一句（一九七四年作）が書かれていた。

「くれてなほ命の限り蟬しぐれ」（『中曽根康弘句集二〇〇八』）。自作の俳句には、ゴルバチョフとの会談をやり切った達成感、と同時に総理大臣を辞してもなお溢れる活力が暗示されていた。

帰国後、中曽根は周辺に語っている。「ソ連（との関係改善）は俺のような立場でないとできない。（ソ連の弱点である）スターリン批判だって内政干渉になってしまうから現職（竹下首相）ではできない。前総理という肩書きを使っているからできるんだ」

ブレジネフ外交を仕切ってきたグロムイコは、日本側が提起する北方領土問題をまったく無視し、木で鼻をくったような発言を繰り返していた。が、ゴルバチョフは「成り行き任せは事を悪化させるだけ」と考えていた。たとえ日本との立ち位置は大きく違っても、ゴルバチョフの「新思考外交」によって、日ソ関係にも、確かな光明が見えてきたようでもあった。ゴルバチョフ登場の直後から欧州には平和志向の本物感を漂わせてきたものの、日本には、両国間に漂う流氷を散らすほどの風が吹いているとはとても感じられなかった。

だが、今や、日本政界を代表する論客である中曽根との会談を通じて日本にもゴルバチョフ〈新思考外交〉の香りが確かに伝わってきたように、東郷には思われた。筆者には外務省ロシア・スクールが実権を握ってきた対ソ外交を、〈政〉が主導し、〈官〉との程よい〈政官〉調和の接点が見えたように思える。

ところが、外交は、優れたリーダーの存在が必要条件とは言え、十分条件ではない。

中曽根・ゴルバチョフ会談があった一九八八年は、ペレストロイカがいつストップしてもおかしくない分岐点にあり、実は危機的状況に差し掛かっていた。物価上昇、モノ不足等々――市民生活を痛打する経済危機の中で、ゴルバチョフは、数多《あまた》あちこちに潜む守旧派によって、改革派の力が減殺される岐路に立たされていたのである。

†中曽根の誤算

一九八九年一月、中曽根は日米欧三極委員会の招請によって、キッシンジャー（元米国務長官）、ジスカールデスタン（元仏大統領）と共にモスクワを訪問、ゴルバチョフ（ソ連書記長）と会談した。

この会談などを踏まえて、三人は四月の同委員会パリ総会に共同のリポートを提出したが、これに関連して中曽根は、読売新聞社刊『This Is』（一九八九年四月号）とのインタビュー（「ゴルバチョフ会談を語る――日ソ関係もう一歩前進の時」）で、対ソ外交を振り返った。そこからは、外政家・中曽根ならではの高揚感が伝わってくる。中曽根は、二回にわたるゴルバチョフとの会談のほか、最側近のヤコブレフらとの会談（八八年七月と八九年一月）を通じて、北方領土問題打開への確かな手応えを感じたとして次のように総括した。

(1)ゴルバチョフ政権は想像以上に対西側調整を積極的に実行しだした、(2)ゴルバチョフの国連演説は、彼の指導部が描いている青写真がかなりこめられている。すなわち、改革は、批判派も含めた集団的指導部の合意であり、ゴルバチョフは「完全なトップダウン」によってソ連を改革へと前進させている。

中曽根は、日ソ間のトゲ（北方領土問題）を抜くための基本的な考え方について、八九年一月のヤコブレフとの会談（同席者・武藤駐ソ大使／東郷ソ連課長、ファーリン国際部長）に言及している。会談の中で中曽根は、包括的一括決着方式を提起した。「交渉事はお互いが欲しいものをあてがい合うことだ、連立方程式でいこう、ただし無原則ではありませんよということです。連立方程式ではX・Y・ZとあってXの解答が出るときはYも出る、Yが出ればZも出る。しかし、出ないときはみんな出ない。そういう意味で言っているわけです」

ヤコブレフは次のように応じた。「すべて包括的に検討すべきだ。この交渉は相互の立場に立つことが大事で、他人の靴をはいてみる必要がある。日ソ関係は人間の手にあり、人間は状況の主人公である。目的が明らかであれば、そして双方が努力をすれば克服することは可能だ。相互の利益を正しく評価する必要がある」。冷戦期末、「大情況」は東西融和への流れが定まった中で、米ソ二大超大国の相互理解が出来上がり、最後のカギを握るのが〈人間〉政治リーダーとフォロワー、そして国民だというわけだった（『This Is』八九年四月号）。

しかし、今から振り返ると、二人の見通しは楽観論に彩られていた。だが、中曽根の見方に対して疑問を呈していた男がいる。百戦錬磨の外政家キッシンジャーその人だった。キッシンジャーは、ゴルバチョフのペレストロイカに熱い視線を注ぐ中曽根のように、また渦中の実力者ヤコブレフのように、進行中の「大情況」に対して楽観的に向き合えなかった。「ソ連という国は制度の国であって、個人プレーで動ける国ではない」というのが理由だった。つまり、ゴルバチョフがペレストロイカ（立て直し／改革）と称して、いろいろやっているけれども、「システムとしての、制度・体系としてのソ連というものの重み」を考えないといけない」と。

八五年以来、ペレストロイカの旗を掲げ、世界に対して改革者としてのオーラを振りまいたゴルバチョフ。華々しく登場した注目の大改革者に対して、中曽根がその強力なリーダーシップに強い期待を込めた眼差しを向けていたのとは対照的に、キッシンジャーはペレストロイカの運命を冷めた目で見ていた。ソ連の改革は実態的には何も進んでいない、そして今後も進まないだろう、と予測していたのである。ペレストロイカの分岐点は八八年、とすれば、中曽根とキッシンジャーの判断格差は、日米総体の情報力ギャップにあったのであろうか。

ソ連は個人本意で動く国ではなく、「制度／体系の国」と考えるキッシンジャーの対ソ認識とペレストロイカに関する鑑識眼は図抜けて確かなものだった。すなわち、キッシンジャーは当時のペレストロイカの実態／実情を正確につかんでいたのである。

「ソ連は制度の国。個人プレーで動ける国ではない」というキッシンジャーの言葉は、ソ連経済が瀕死の状態となり、ゴルバチョフが日本との距離感を縮めようとする中においても、北方領土問題の進展は決して生易しくないことを暗示していた。

それでも、「元老外交」に賭ける中曽根の熱意と信念は不動のものだったが、政治のトレンドはここでも皮肉なものである。

日本の永田町政局では、リクルート・コスモスの未公開株譲渡問題に端を発した贈賄罪事件が中央政界に飛び火し、それを発端に「政治とカネ」にまつわる倫理問題が国民の最大関心事となった。中曽根政権を継いだ発足当初、「長期安定政権」確実と見られていた竹下政権だが、このリクルート・スキャンダルの直撃を受けて、八九年六月に政権は崩壊した。その結果、永田町政治の権力構造には大きな変化が生じた。

八八年七月、八九年一月と、二回にわたってゴルバチョフ書記長と会談、中曽根が後継指名した竹下政権下で、対ソ関係を実質的に取り仕切る手はずが整い始めた中曽根の元老外交だが、その政治的影響力が竹下退陣によって著しく低下した。

代わって、竹下が影響力を行使して首相に祭り上げたのは、中曽根派の宇野宗佑（前外相）だった。しかし、宇野は女性スキャンダルが命取りになった。首相在任わずか六九日間の短命政権に終わった。そして、その宇野後継の座を射止めた海部俊樹の政権になって、永田町政治における権力構造の変容がはっきりと見えてきた。

海部政権では、「政界のドン」と称されるようにまでなった金丸信（経世会・竹下派会長）が一段と強い権勢を誇るようになっていた。金丸は、竹下（元首相）の反対を押し切って自民党幹事長に四七歳の小沢一郎を据えた。小沢は、隠然たる金丸の政治力も自身の力に付加しながら、海部政権下で実権を握るようになった。また、竹下に伍して総理・総裁を目前にしていたニューリーダーの一人、安倍晋太郎は、リクルート事件に巻き込まれ、その最中に膵臓がんが判明、病名を隠して手術を受け、入退院を繰り返す「悲運の政治家」と化して影響力を減退させていった。

第四節　悲運のニューリーダー

†安倍晋太郎の発病

ゴルバチョフの改革が、成否の分岐点に差し掛かろうとしていた頃。外相ポストを降りた後も中曽根と競うように対ソ外交に意欲を持ち続けていた安倍晋太郎は、どのような情況の中にあったか。

一九八八年七月、安倍は自身の秘書がリクルート・コスモスの非公開株を譲り受けていたと報じられ、以後、年が変わっても、政界に吹き荒れるリクルート事件の嵐に曝《さら》され続けた。そして、その最中、体調を崩して入院を余儀なくされた。八九年五月、安倍は「総胆管結石治療」と称して手術を受けた。病名を偽っての手術だったが、それが実は膵臓がん手術であったとの情報が永田町に広がるのに、さほど時間はかからなかった。政界の底流ではポスト竹下の最有力候補だった安倍の「再起不能説」が流れ始めた。

しかし、政治家・安倍の信念は変わらなかった。自身が団長となっての自民党代表団の訪ソ計画については、実現できるかどうかハッキリしたことが分からないまま、一九八九年は過ぎた。九〇年、年が明けて三が日も音沙汰がなく、実現は難しいと思われていた。が、一月五日夜になって、ソ連から受け入れのOKサインが出た。

八日昼、首相・海部俊樹が自民党本部に足を運び、訪ソを間近に控えた安倍をはじめ、金丸、宮澤と会談した。海部「安倍さん、ゴルバチョフ宛の親書を書きましたので、どうかお渡して下さい。宜しくお願いします」

外相時代以来、北方領土問題の解決を「ライフワーク」に定めた安倍は、「再起不能説」を打ち消さんばかりに訪ソ、モスクワの地を踏むことになった。

†「英知をもって解決しよう」

一九九〇年一月、安倍は、八項目提案（同行したソ連課長・東郷が山口敏夫に指示されて起案・一〇項目／モスクワで八項目に）を携行してソ連を訪問した。この安倍八項目提案は、ソ連側に〝安倍プログラム〟と呼ばれた。後に駐日ロシア大使になるアレクサンドル・パノフ（ソ連外務省太平洋・東南アジア局長）が肯定的に評価したものだ。

「〝安倍プログラム〟は、「拡大均衡」を基盤にしたソ日関係の発展という日本政府の概念を初めて修正したものだ」と位置づけた上で、ゴルバチョフの受け止め方にも言及した。安倍・ゴルバチョフ会談の翌日の『プラウダ』（九〇年一月一六日付）を引用する形で、

「ゴルバチョフは、〝安倍プログラム〟を肯定的に評価し、その実現によって、隣接する両大国が関係の発展において時代の要請から立ち遅れている、という不正常な状態を解消できるのではないかとの期待を表明した」（アレクサンドル・パノフ『不信から信頼へ――北方領土交渉の内幕』高橋実、佐藤利郎訳）と述べている。

しかし、要職を降りた後の今回の安倍訪ソに関して言えば、安倍及び安倍周辺の政治的思惑は思惑として、外務省をまったく外した形で自民党代表団が訪ソするわけにはいかなかった。安倍（代表団）に外務省から同行したのは、八八年夏、前首相・中曽根訪ソの時と同様、外務省ソ連課長の東郷だった。北方領土問題の解決を目指す対ソ外交に関しては、現職の首相（中曽根）／外相（安倍）の時代から、二人は既にライバル関係にあった。安倍サイドが番記者も含めて、随行する東郷に警戒心を隠さなかったのも事実だった。

東郷は、自身と安倍訪ソとの関わりについて、次のように述べている。

九〇年一月、モスクワへ向かう飛行機の中で、代表団に加わっていた山口敏夫（中曽根派、衆議院議員）から安倍の要望として指示された。「ゴルバチョフ書記長に提示すべき日ソ協力の具体的な項目を起案して欲しい。領土については別途きちんと議論するから、なるべく幅広い分野にまたがるようにしてくれ」。これを受けて東郷は、一〇項目のたたき台を書き上げ、モスクワ到着後、代表団の宿泊先のホテルにおいて、安倍団長ら代表団と協議した上で、八項目に整理した（東郷和彦『北方領土交渉秘録——失われた五度の機会』）。

安倍八項目提案とは、⑴ペレストロイカ知的支援（経営・管理技術の開発、生産性向上のための積極的交流）、⑵経済分野での人的交流（生産性向上のための協力とミッションの派遣、専門家受け入れ）、⑶展示会の相互開催、⑷大規模青年交流、⑸学術交流、ソ連における日本語教育の普及、⑹日本文化週間の開催、⑺漁業分野の安定的発展、⑻人道面での協力（択捉墓参等）だ。それは、八九年五月の宇野外相訪ソの際にソ連側に提起した「拡大均衡・五つの視点」などを踏まえた提案だったが、東郷が推進してきた〈拡大均衡〉路線の延長線上に提起されたものだ。〈拡大均衡〉とは、要するに「政経不可分」の原則に沿いつつも、政治（領土問題）と経済（貿易・投資）の両輪を連動・拡大発展させて行こうとの含意が想定されていた。

一月一五日、モスクワで行われたゴルバチョフとの会談の中で、安倍は、ゴルバチョフの「訪日の意思」を確認すると、北方領土問題をオブラートに包んだ形で日本政府の前向きの姿勢を伝えた。「両国間の困難は英知をもって解決していくしかない。今、両国はテーブルに着いているが、英知をもって臨む以外に他の道はあり得ない。同時にその他の面での協力もし、両国関係を発展させたいと思うが、どうか」

ゴルバチョフは、これに同意した。「ハラショー（結構だ）」。そして続けた。「あなたの言われたことは、当方から肯定的に迎えられよう。われわれの考えで必要と思われる決定を、友人たちに押し付けることは出来ない。それは、あなたがたの主権でもあるし、固有の権利だ。しかし、われわれは、隣国同士であり、大国同士であるのに、関係は不正常だ。今の提案にはよく考えて善処したい」

　領土問題については、ソ連側を刺激しないためにストレートに持ち出すことを避け、「両国間の困難」に対して「英知による解決」という言葉をキーワードにして会談を終えた。東郷は、事前には同行筋から、ゴルバチョフの方からこのキーワードを口にすると聞いていた。しかし、ゴルバチョフが口の端に乗せることはなかった。後に、東郷は不思議に思った、と筆者に語った。会談では結局、安倍の方から「両国間の困難は、叡智《ママ》をもって解決しよう」（東郷、前掲書）と言及し、それにゴルバチョフが同意したのが実態だった。

　また、安倍晋太郎の元政策スタッフ・磯村順二郎（現米ハドソン研究所上席研究員）から入手した資料を基に執筆した在米の歴史学者・長谷川毅によると、会談で「安倍は、一度も具体的に北方領土問題に触れなかった」。安倍は「両国間の困難は、英知をもって解決していくしかない」と述べたのみであった。ゴルバチョフは、「貴方のいわれたことは、われわれの側から肯定的に迎えられるであろう」と答えたという（長谷川毅『北方領土問題と日露関係』）。

†安倍「バックチャンネル外交」

北方領土問題の解決をライフワークと位置づける安倍の次なるターゲットは、一〇月の訪ソ計画に置かれた。北方領土問題は、北朝鮮問題と並んで日本のリーダーにとって、避けては通れないものだが、安倍は、同年秋に想定したソ連訪問を通じて日ソ関係を飛躍的に進展させたいと強く望んでいた。

安倍は一月の訪ソを終えると、二月の第三九回衆議院議員総選挙で同派の新人候補者を大量に擁立、多くの若手議員を当選させた。意地を見せつけるような自派勢力の拡張策は功を奏した。

だが、安倍の病状は、六月訪米後、急速に悪化した。八月、再入院を余儀なくされると、予定していた一〇月訪ソを断念することを決めた。

安倍を取り巻く事情については、ソ連側も十分承知していた。安倍に対して、伝統的な手法に則って「領土問題」を言わせようとする外務省と安倍本人の関係。そこには容易ならざる不一致点がある——その点はソ連側も熟知していた。同時にそれは、取りも直さず、安倍が外務省よりも柔軟であることを意味していた。それこそ、歴史や地勢の虜にはならず、領土問題ばかりではない他の問題に目を向けさせ、建設的な対話への道を開くことに成功したのだ、と（Sergey Radchenko *"Unwanted Visionaries : The Soviet Failure in Asia at the End of the Cold War"*）。

ゴルバチョフ登場後の日ソ関係は、両国それぞれの国内政局が交渉に大きな影響を与えた。その点からすれば、発病後、自民党幹事長ポストから降りた後の安倍晋太郎および周辺筋の対ソ外交における動きを分析することは重要である。

その頃の安倍は、「北方領土問題」ありきで交渉する外務省を、今回の訪ソから外そうと一計を案じていた。その一環として、九〇年秋に想定されていた自民党代表団の再訪ソに先立って、九月、側近の磯村順二郎をモスクワに派遣した。

現在、磯村は、ハドソン研究所上席研究員の肩書きで、メディア評価研究会代表・今西光男（元朝日新聞記者）が立ち上げたウェブサイト「メディアウオッチ１００」に執筆したり、講演を行っている。在米の歴史学者・長谷川毅の前掲書には、安倍「バックチャンネル外交」の中心人物として登場する（名前の表記は「磯村順次郎」となっている）。交渉相手は、ソ連外務省太平洋・東南アジア局長パノフだった。

安倍の対ソ外交は、外相時代以来、外務省主導で進められてきたが、ここに来て舞台裏での「バックチャンネル外交」に転じたのだ。その結果、政局が絡んで想定外の騒動が起きた。

†幻の「二島返還・中間協定」案

自民党訪ソ代表団は当初の予定より早い九月下旬、病状が悪化した安倍に代わって元官房長官の小渕恵三が団長となってモスクワを訪問した。ところが帰国後、朝日新聞が一〇月七日付朝刊トップで「ソ連「二島返還」示唆」とのスクープを報じた。記事によると、ソ連外務省側は、自民党訪ソ団に参加した前外相の三塚博に対し「ソ連政府の提案だ」として、七項目からなる「基本原則に関する協定骨子案」の文書を手渡した。「歯舞・色丹両島を引き渡す」とした五六年日ソ共同宣言の有効性を確認。それを基礎に、日ソ平和条約交渉を進める考えを提示し、平和条約締結に向けた中間合意で「協定」を作成しようというもので、九一年四月に想定されたゴルバチョフ大統領訪日時に両国が署名・締結するという協定は、「中間条約」的性格を持つことが示唆された。

この提案の内容をめぐっては、三塚博（安倍派事務総長）が代表団の一員としてモスクワ滞在中の九月二四日、秘密裏にパノフに呼ばれ、磯村と共に口頭で説明を受けた。二六日、三塚は訪ソ団一行とともに帰国したが、磯村はそのままモスクワに残った。さらにソ連外務省当局者らとの補足説明を踏まえつつ文書化、「日ソ基本原則に関する協定骨子案」（日本語）に仕立て上げた、と言われる。磯村は一〇月初めに帰国後、病床の安倍本人に説明した。

これを受けて、安倍は七日夕、神奈川県箱根町で開かれた安倍派研修会に急遽出席、挨拶の中でソ連側が「自民党訪ソ代表団を通じて「日ソ基本原則に関する協定案」を提起してきた」と強調した。

ところが、この一件は、訪ソ代表団・団長の小渕恵三（竹下派副会長）にすら知らされておらず、朝日の報道によって永田町・霞が関は蜂の巣を突いたような大騒ぎになった。政界のドンと言われた金丸信（竹下派会長）は、「竹下派との関係に水を差すもの」と安倍派を批判、永田町には政局絡みのキナ臭さが広がった。

「協定案」公表までの一連の経過を辿ってみると、パノフが主導したソ連外務省側のアドバルーンの色彩が強い。

二元外交に危機感を持った外務省は、東郷（ソ連課長）を再びモスクワに派遣した。東郷はパノフと会い、報じられたような文書がソ連側から出たものではないとの保証を得た。これを受けて、ソ連外務省はゲンナジー・ゲラシモフ（報道官）が「どんな文書も日本側に渡していない」との声明を発表した。

国内では、兵藤長雄（欧亜局長）が三塚と会い、二元外交への憂慮を伝え、自重を求めるとともに、研修会での安倍発言を全面否定する方針を伝えた。が、当時、ソ連側に中間条約的性格を有する「協定」案が文書で準備されていた可能性は消えていない。というのも、「日ソ基本原則に関する協定」案の策定には、パノフばかりでなく、知日派のゲオルギー・クナーゼが関与していたとも言われる。ソ連解体後、ロシアのエリツィン政権下で日本に非公式に提示されたコズイレフ外相提案（第四章参照）は、クナーゼが作成した打開案だったためだ。その時、クナーゼが案出した二島先行返還論は、三塚に示された協定案の考え方に酷似している。

†安倍の死と、揺らぐゴルバチョフ政権

以上のような安倍「バックチャンネル外交」に対応するソ連外務省の動きには、九〇年夏から秋にかけてゴルバチョフ政権下で起きた権力闘争が密接に絡んでいた。冷戦終結によって東欧を失い、東西ドイツ統一（一〇月）を承認したゴルバチョフ政権に対して、軍産複合体と共産党ノーメンクラトゥーラなど保守派の堪忍袋の緒が、ついに切れたのだ。

まず七月に開催された第二八回ソ連共産党大会では、保守派が溜めていた怒りのマグマが爆発、攻撃の矛先をシェワルナゼ（外相）とヤコブレフ（党国際問題委員会議長）に向けた。二人は、「新思考」外交の最前線で奮闘する改革派だ。ペレストロイカに対する保守派の批判が一段と高まり、ゴルバチョフの政権基盤が大きく揺らぎ始めた。

ソ連国内の政治危機は、日ソ関係にも黒い影を落とした。それは、翌九一年四月に想定されていたゴルバチョフ訪日の準備にも深刻な影響を与え始めた。やがて、同年夏に形になって現われたゴルバチョフ政権に対する保守派の「八月クーデタ」へとつながる導火線が徐々に準備され始めていたのである。水面下の権力闘争では、軍事クーデタの陰謀さえ囁かれるようになっていた。が、それは、ゴルバチョフが保守派の反動に毅然たる対処をしないことに抗議して、シェワルナゼが外相を辞意表明（一二月二〇日）する事態にまで発展する。

夏から秋、そして年末に到るまでの間、ソ連国内に社会経済危機が広がる中、政治危機も深まって行った。この間の日ソ関係には、外務省の公式な外交チャンネルと、外務省を外した安倍晋太郎の独自ルート及び次章で取り上げる小沢一郎が作り上げたルートと、合計三つの外交ルートが存在するという前代未聞の現象が生じた。

九月下旬に「口頭」で提起されたのがパノフらソ連外務省対日担当の「協定案」だ。それは、ゴルバチョフ訪日を念頭にして行われた、日本に対するアドバルーンだった。別の言い方をすれば、日ソ間で、紙に落としたソ連作成の「文書」が下敷きに交渉されたものではない上記の「安倍バックチャンネル外交」の果実（日ソ基本原則協定案）は、日本側及び国内の政治勢力の反応を見るため、ソ連側に利用されたものと言えよう。

安倍晋太郎が入院先の東京都文京区・順天堂大学医学部附属順天堂医院で死去したのは、その七カ月後。享年六七歳だった。

安倍の病名は長い間、公表されなかったものの、ソ連が、安倍の病状を把握していたのは間違いない。それは、病魔に侵された後も、安倍が北方領土問題の解決に執念を燃やし続けた、にもかかわらず、ソ連が対日外交の軸足を、ネオ・ニューリーダーのトップを走る若き実力者、小沢一郎に移して行った軌跡を見ても明らかだった。

第三章　もう一つの「バックチャンネル外交」

第一節　ペレストロイカの風——対日「新思考外交」

欧州の光景が一変するような〈大情況〉の劇変だった。

事の始まりは一九八九年一一月九日。東ドイツ政府が、東ベルリン市民の大量出国への対応策として、事実上「旅行の自由化」と受け取れる国外移住の規制緩和の政令を発出した時に始まった。日が没し、夜が訪れた。国境検問所に夥《おびただ》しい数の市民が押しかける。大混乱になった。予期せぬ事態の中で、東ドイツ政府は検問所の門戸開放を余儀なくされた。民衆の手による「ベルリンの壁」の破壊。一条の光が漆黒の闇を貫いた。翌一〇日には、二八年間にわたり東西ドイツを遮断してきた途方もなく分厚かった「壁」の撤去作業が始まった。東西分断の歴史に幕が降り、「鉄のカーテン」に風穴が空いた。冷戦終焉への扉が開かれたのだ。さほど間を置かずして、超大国ソ連の衛星国家群、東欧諸国の共産党政権が、ドミノ倒しとなって次々と倒壊現象を起こした。

†ベルリンの壁崩壊直後に来日した男

ユーラシア大陸西方で、壁を壊すハンマー音が響いてからわずか三日後、大陸東端に張りつくように浮かぶ島国日本に、一人の男がやって来た。「ペレストロイカ」を掲げるゴルバチョフ（最高会議議長）の「右腕」と言われるアレクサンドル・ヤコブレフ（党政治局員兼書記）だった。

ヤコブレフがソ連最高会議代表団を率いて訪日したのは一一月一二日。東西冷戦の象徴であった「ベルリンの壁」が、ドイツ民衆の手で倒壊した歴史的大事件は、ゴルバチョフ登場前なら、凍りついたような鉄のカーテンに遮られ、まともな話し合いすらできなかった。日ソ関係改善の好機と受け止める空気を日本側に生んだ。この男の訪日は、北方領土問題にどのような影響を与えるのだろうか。ソ連最高会議代表団の来日に対する日本側の関心度は、過去のソ連代表団へのそれと明らかに違っていた。まず、「壁」崩壊直後にもかかわらず、来日したヤコブレフ代表団をどう評価すべきなのか。対ソ外交を仕切る外務省も、「新思考外交」を打ち出していたソ連の出方を注意深く見守った。

そもそも、ヤコブレフについて言えば、ソ連時代守旧派の代表グロムイコ（外相）のイメージしか具体的に浮かばない日本側にとって、この上なく興味深いキャリアの持ち主であった。第一に、長きブレジネフ独裁時代に左遷され、不遇をかこっていた点。その後一〇年間、駐カナダ大使を務め、アンドロポフ時代になってからの一九八三年、ようやくモスクワに呼び戻された。ソ連科学アカデミー付属「世界経済国際関係研究所（IMEMO）」所長に就任すると、以後、ゴルバチョフが最も信頼するブレーンとして、シェワルナゼ（外相）と共に「新思考」外交の両輪となった。

駐カナダ大使時代を想起すれば、ヤコブレフは八〇年代初頭、当時農業政策担当書記だったゴルバチョフのカナダ訪問をお膳立てしたが、その時の深き縁《えにし》が素地となって、ゴルバチョフ側近となった。そして、進歩派党幹部として頭角を現わし、ペレストロイカを演出した。ヤコブレフを、ボリス・エリツィン（後に、初代ロシア大統領）は、「きわめて賢明で、健全で、誰よりも先見の明がある政治家」（『告白』小笠原豊樹訳）と評した。また、ドイツの最も優れたソ連ウォッチャーの一人も、次のような賛辞を送っている。「ソ連社会の精神的、政治的解放に多大な貢献をした人物（略）この方面でのヤコヴ《（ママ）》レフの貢献度は、ゴルバチョフの側近の誰よりも大きく、ひょっとするとゴルバチョフ自身よりも大きかったかもしれない」（ゲルト・ルーゲ『ゴルバチョフ』鈴木直、深澤雅子訳）

†ヤコブレフ「第三の道」発言の波紋

ソ連代表団の一行は一一月一二日午前、羽田着のアエロフロート機で来日、一八日まで約一週間、日本に滞在した。この訪日について、ヤコブレフは「(二年後に予定する)一九九一年のゴルバチョフ議長(党書記長)訪日の準備の一環」と位置づけていた。一三日午前、田村元(衆議院議長)、土屋義彦(参議院議長)との会談では、ゴルバチョフ訪日の実現が日ソ関係の「転換の契機になる」と強調した。次いで同日午後には、首相・海部俊樹をはじめとする政府・自民党首脳と相次いで会談、長期間停滞している日ソ関係の打開に強い意欲を示した。この一連の会談の中で最も注目されたのが、自民党幹事長・小沢一郎との会談だった。

一九八九年は、日本にとっても「昭和」が終わった激動の年である。年明け早々に天皇陛下が崩御、六月に竹下登がリクルート事件の煽りを受けて退陣。その後、わずか約二カ月で後継の座を去った宇野宗佑を挟んで、海部が首相の座を射止めたのである。こうした政権交代期にあって、若き実力者として頭角を現したのが小沢であり、ソ連の対日関係者からも、注目される政治家になっていた。

一三日午後、東京・平河町の自民党本部。ヤコブレフは小沢を訪ね、約四〇分間にわたって会談した。この中で、ヤコブレフは自由奔放な議論を展開した。

ヤコブレフ「日本側は対ソ関係について、「政経不可分」と言っているが、ソ連としては経済交流を深める中で政治問題の解決を図ってはどうかと思っている（略）ソ日両国の立場が異なり、一歩も動かないのでは（両国間の懸案は）解決しない。「第三の方法」はないかどうか勉強したい」

小沢「領土問題でソ連に具体的な提案があれば聞きたい。外交ルートでの話し合いを見守るが、外務省で解決がつかないのなら、自民党が話し合っても良い。ソ連はペレストロイカという大改革を進めている。領土問題という小さなことは早く片付けた方がいい」

ヤコブレフ「ペレストロイカが終わるのを待つのではなく、日本はソ連との経済関係の進展を図ってほしい」

この時の「第三の方法」発言は、日本記者クラブにおける講演でも飛び出し、日本国内で大きな反響を呼び起こした。その真意をめぐり注目を集めたが、政・官それぞれの受け止め方は違った。

確かに、ヤコブレフの一連の発言は、「領土問題」などは存在しないなどというブレジネフ時代のような、棒を呑んだ言い方ではなかった。物価高、物不足に苦悩するソ連。遅々として成果を挙げられないペレストロイカに推進力を付加するためにはどうすればいいか。ゴルバチョフ指導部は、輝いて見えるこの東方の彼方の経済大国、日本の支援が不可欠と考えるようになっていた。ヤコブレフの「第三の道」発言には、ゴルバチョフの思いが投影しているように感じられた。

しかし、ヤコブレフ発言について記者団に聞かれた栗山尚一（外務事務次官）は、軽く受け流した。「格別、実質的な解決方法というものを念頭に置いた発言ではないでしょう」。法と規範に厳格なリーガル・マインド型外交官の代表格・栗山は、その拠って立つ外交原則に忠実で、いささかのブレもなかった。「肝心かなめなのはソ連政府です。彼らの立場には、まだ、いささかの変化も見られませんから……」

栗山は、「北方領土などという大きな問題は、結局、役人レベルでいくら話していても、限界があるので、どうしても日ソの政治レベルでの決断、判断というものが必要です」と、周辺に漏らしていたが、その一方で、国際法に精通した外交のプロとしてのプライドは高く、国家主権を守る最後の防波堤は外務省にありとの強い自負があった。

これに対して、政治家の小沢一郎はと言えば、ヤコブレフの「第三の道」発言に、新たな可能性を感じ取っていた。小沢は、時代の転換点にあって、冷戦終結に伴い流動化しつつある国際情勢をにらみ、外務省に依存しない独自の外交ルートを模索しようとしていた。その根底には、まず官僚不信があった。

†小沢の対ソ連アクセス・ライン

冷戦末期、四七歳で自民党幹事長に就任した小沢は、時代の転換点にあって、内外の課題に取り組む日々に、政治家として充実感を味わっていた。米ソ冷戦の終結に伴い流動化しつつある国際情勢をにらみつつ、小沢は、対ソ外交に関しても、外務省に全面依存しない独自ルートの開拓が必要と考えていた。その軸となったのが、旧通産省出身で側近の熊谷弘（衆院議員）。その熊谷がクレムリンに繋がるキーマンと見て接近したのが、アルカジー・ボリスキー（ソ連科学産業同盟会長）だった。

ボリスキーは、ソ連共産党の党官僚にして企業家、政治家。中間派・穏健改革派の要人として知られていた。

ゴルバチョフ政権下で党中央委員に選出され、九〇年には日本の経団連にあたるソ連産業界の企業家組織「ソ連科学産業同盟」を結成して会長に選出されるなど、経済界をバックに軍産複合体の代表的人物として影響力を広げた実力者だ。

そして、小沢が対ソ連「バックチャンネル外交」を推進するに当たっては熊谷が繋ぐもう一本のルートがあった。熊谷が気脈を通じ合う仲となる裏舞台のキーマン、杉森康二（日本対外文化協会）というソ連内事情に詳しい情報通だ。

当時、杉森の活動拠点は渋谷駅前東口に建つビルの一室だった。現在、そこには高層ビルが建ち、東急百貨店や各種レストラン、ミュージカル劇場などでにぎわう複合商業施設「渋谷ヒカリエ」として若者の街・渋谷の主要舞台の一つとなっている。地上三四階・地下四階のこのビルは、かつて修学旅行のコースにも組み込まれていた「天文博物館五島プラネタリウム」をはじめ、四つの映画館、飲食店、事務所などが入った複合文化施設「東急文化会館」(一九五六年開館、二〇〇三年閉館)の跡地に建てられたものだ。杉森のオフィスは、同会館内の壁にへばりつくような格好で片隅に小さなスペースを占めていた。

杉森は、ソ連や東欧諸国との友好促進の交流窓口「日本対外文化協会」の専務理事を務めていた。対文協と呼ばれるこの組織は、対ソ交流に熱心だった東海大学総長・松前重義《まつまえしげよし》が一九六六年に創設した民間団体だ。杉森は、古ぼけた蛍光灯のせいか、やや暗めで、小ぢんまりとしたこのオフィスを拠点に、ソ連や東欧諸国との文化事業や人的交流などのために動いていた。日ソ関係の裏情報に詳しかった杉森は元来、日本社会党系の人物。豊富な対ソ連情報筋コネクションを持ち、KGB(国家保安委員会=秘密警察)とも密接なつながりもあると言われていた。が、イデオロギーや保守、革新の区別なく、客観的な解説をしてくれる貴重な情報源だった。

一九八九年暮れ、杉森が、この渋谷のオフィスでしてくれた話は興味深かった。曰く、ゴルバチョフ政権下のソ連において、対日外交を動かすための真のターゲットは、「病を抱えた安倍」から若き実力者として権力の中枢に座った小沢に既に移っている——と。そして、その裏付けとなる情報も提供してくれた。ソ連は「小沢を名指しして、早期のソ連訪問を招請してきている」というのである。杉森は、この頃既に、小沢側近の熊谷弘と連絡を取っていることも明かした。ソ連・ゴルバチョフ政権は、小沢を、将来確実に日本政界のトップに昇り詰める政治家と位置づけている、というのだ。

こうした見方は、熊谷を通じて小沢の耳にも届いていたはずだが、小沢は重い腰を上げようとしなかった。外国訪問に関しては、小沢流の鉄則があった。「単なる友好親善のための訪ソはしない」。その時、小沢の頭にあったのは、北方領土問題の決着に向けて実質的な成果を挙げられる可能性がある場合にしか、自分は動かないという頑固な鉄則だった。それは、政治家としての大いなる野望の裏返しでもあった。また、北方領土問題は、政治の師・田中角栄が意欲的に取り組んだ因縁深き、外交課題であるということもあった。

†衆議院地下の理髪店——小沢の安倍配慮

「小沢訪ソ招請」の情報をつかんだ筆者は、用意した原稿を政治部デスクに送った。それは、政治部を通じて一九九〇年一月一二日夕刻以降に加盟社へ流す手はずになっていた。だが、想定外の事が起きた。原稿の存在を小沢の耳に入れた〝内通者〟がいて、電話をかけてきたのだ。「君が書いた原稿で、小沢先生が会いたいということだ。今、小沢先生は、衆議院地下の床屋にいらっしゃるから」

衆議院第一議員会館地下の理髪室「水島」。小沢は筆者の顔を見るなり、「何か話があるんだって?」と聞いてきた。〝内通者〟の話と違っていて一瞬戸惑ったが、「訪ソの原稿のことで話をしたいと言っていると、聞いたもんで……」と切り出した。

「そうそう、君が書いた原稿だが、安倍（晋太郎）さんが訪ソする前に出ると、（安倍）訪ソ（第二章参照）の意味が減殺されてしまう」と言った後、小沢はこう続けた。「（この話は）そんなに広がっているはずはないのに……。こっちの方からは出るはずがない。自民党で知っているのだって、熊谷だけだ。外務省には、知っている奴なんていない」

小沢は、この時、杉森の対ソ連ルートの存在を知らなかったのであろうか。

「安倍さんがソ連に行くまではせめて待ってくれよ、明日昼頃まで。それまでに（情報が）洩れそうになったらしゃあないけど。『自民党筋』と書くのは、やめてくれ。こっちが何も行きたいわけじゃないんだし」。小沢は記事になることを嫌うだろうと思い、筆者はあえて小沢本人には直あたりすることなく、他で裏取りして書き上げた原稿だった。

結局、原稿は既に出来上がっていた出稿予定に従って、同日午後、政治部を通じて配信されたが、その記事に即応したのは毎日新聞だけだった。一三日付朝刊の一面に四段見出しの特ダネ扱いで掲載された。「ソ連、「小沢訪ソ」を打診＝党関係強化――本格援助に照準」。政治記者として小沢の心をつかんでいた阿曽《あそ》重樹《しげき》が執筆したものだった。それから約二カ月してようやく、他のメディアが、ソ連側の動きを知って追随した。

なぜ小沢は、自身への「訪ソ招請」が事前に流れるのを嫌ったのか。

「何か売名行為にとられてしまう。安倍さんは良い人だし、こっちは安倍訪ソに最大限協力している。それを何か足を引っ張っているように、変に勘繰られてしまうから……」というのが、小沢の言《げん》だった。

この時（一九九〇年一月）の安倍訪ソ団について言えば、実は、幹事長・小沢が指示して結成されたものだった。また、代表団は特別機でモスクワ入りをする手はずとなっていた。それらはすべて、小沢がお膳立てしたものだった。代表団のメンバーは、小渕恵三（元官房長官・竹下派）を副団長に、そのほか加藤六月（元農水相・安倍派）、山口敏夫（旧中曽根派）、伊藤宗一郎（元科学技術庁長官・河本派）、葉梨信行《はなしのぶゆき》（元自治相・宮澤派）、大木浩（党国際局長・竹下派）、大鷹《おおたか》（山口）淑子《よしこ》（参院議員・旧田中派中立系）と、自民党各派・グループの閣僚級が名を連ねていた。

自身の訪ソ問題及び安倍の訪ソをめぐる一件からは、重病を患いつつも訪ソ団を率いる安倍の気持ちや、「嫉妬の海」永田町の政治原理、永田町政治家の行動原理、ソ連との駆け引き等々、もろもろの政治事情に絡みつくしがらみや人間の情・欲望などを勘案した小沢の計算式が何となく伝わってきた。

†外務省の安倍サポート

当初、一九八九年一二月に予定されていた安倍訪ソは、同月にソ連最高会議が開かれるという理由で、年明けの一月以降に先延ばしになっていた。

一一月一四日、安倍と会談した際、ヤコブレフは次のように伝えている。

「訪ソは大歓迎だ。しかし、来る以上、ゴルバチョフ書記長に会わなければ意味がない。ゴルバチョフも話し合いたいというのが基本姿勢だ。しかし、今回は物理的なことでダメになった。一二月に最高会議が開かれ、憲法改正などいろんな問題があるので、ゴルバチョフがクギ付けになる。いつ終わるかも未定だ。訪ソは来年一月に延ばしてほしい」

安倍訪ソ計画は、外相シェワルナゼが八八年一二月に訪日した際、当時、自民党幹事長だった外相経験者の安倍晋太郎と会談、席上、「政治対話」の重要性を指摘した上で、訪ソを招請した、それが発端だった。このため、この訪ソ計画は、安倍外相当時から近い将来総理大臣になると見ていた外務省が、全面的にサポートして進められた。ところが、である。ソ連側にはKGBなど保守派を中心に、外務省主導で調整が進む「安倍訪ソ」計画に乗り気でない勢力があった。

外務省は、ヤコブレフの「第三の道」発言に対して、翌九〇年一月、日本政府のメッセージを安倍に託した。外務省にとっては、ゴルバチョフの意思を確認する、そこにこそ安倍訪ソの唯一の外交的意義があった。この時の安倍訪ソは、外務省抜きでは成り立ち得ないものだった。特にゴルバチョフ訪日の意思を確認するにあたっては、第二章で詳述したように、外務省から同行したソ連課長・東郷和彦が知恵を絞ったキーワード「英知による解決」が効果的だった。この言葉を、安倍がそのまま使って、ゴルバチョフから訪日の言質をすんなりとったのである。

第二節　小沢訪ソの期待と誤算

†ソ連の軸足は小沢に

安倍訪ソの結果、ゴルバチョフ訪日の意思確認ができたことで、外務省が主導して対ソ外交の歯車を回せる下地が出来た。が、それでも、独自の対ソ外交を念頭に置く小沢に対する「訪ソ招請」計画が外務省ルートとは別の形で動こうとしていた。

当時、安倍が重い病（膵臓がん）を患っているとの情報は、永田町では公然の秘密となって広がっていた。ペレストロイカをめぐる是非がやがて分水嶺に差し掛かろうとしたこの時期の小沢訪ソ招請――それは既に、訪日（一九八九年一一月）したヤコブレフの大きな任務の一つにあったように思われる。

一一月一三日の小沢・ヤコブレフ会談について言えば、もう一点。その後、やがて輪郭が浮かび上がって来るテーマがあった。小沢を念頭に置いた政党間交流であり、それが小沢訪ソの起点となったのだ。

この中でヤコブレフは、次のような発言をした。

「われわれは、日ソ双方の議会の交流をし、同時に党の交流も進めたい。党の交流については、日本側は忙しいようなので来年進めたい。第一四半期ぐらいが良いと思う。そのころに代表団をお迎えできるのではないか」

メディアは、この発言については、当時、調整が進んで一二月に内定したとされる「安倍訪ソ」を指したものと受け止めたが、当時の取材を総合すると、この時点においてヤコブレフは、「自民党訪ソ代表団＝安倍訪ソ」ではなく、党幹事長・小沢一郎を団長とする

「党訪ソ代表団」を想定していた。小沢・ヤコブレフ会談の出席者の一人は、筆者に明言した。「あれは、安倍さん（訪ソ）の話じゃあないんだ」

以来、四カ月が経過、九〇年三月、駐日ソ連大使のソロビヨフが自民党本部に小沢を訪ねて会談し、小沢の意向を踏まえて訪ソ日程を具体的に調整する点で合意した。安倍訪ソにばかり、メディアは注目していたが、実際は、安倍訪ソとは関係なく水面下で、小沢訪ソ計画は生き続けていたのである。

熊谷がゴルバチョフに繋がるルートと定めていたボリスキーが来日したのは、一九九〇年春だった。共産党中央委員会国際部のワシリー・サプリン（後に在札幌ロシア総領事）を通訳に何人もの政治家に会って永田町情報を収集、小沢の品定めを行って帰国した。

その後、ボリスキーと熊谷のルートで小沢の耳に入ってきたのは、漠たる話ながら「四島返還と経済支援」の取引を臭わす情報だった。実《じつ》の上がりそうな訪ソ話に、小沢の気持ちが動いた。信頼する毎日新聞政治部記者・阿曽にも今後に向けて協力を求めた。

七月下旬になると、「四島返還と経済支援」の真偽を確認すべく、小沢の密命を受けて熊谷が杉森と共にモスクワに飛んだ。二人がこの時会ったのは大統領府社会経済発展局長アナトリー・ミルコフだった。ミルコフは席上、ソ連は五〇億〜五五億ドル（当時の為替レートで七四〇〇億〜八一〇〇億円）、その内、日本に二〇億〜三〇億ドル（三〇〇〇億〜四四〇〇億円）を期待していると述べた、という（本田良一『証言 北方領土交渉』）。

しかし、この時期は、成果の上がらぬペレストロイカに対する批判が、七月中旬の第二八回党大会を機に公然と火を噴き、ソ連の国内政治は既に政変含みの展開となっていた時期だった。熊谷が持ち帰った情報を受けて、小沢は成果が挙げられそうであれば「秋にも」と想定していた訪ソ計画の先延ばしを決断した。

ちなみに、ヤコブレフ来日の頃のソ連国内情勢を補足説明すると、以下のようになる。一九八〇年代、クレムリンの暗闘を勝ち抜いてソ連邦トップの座に就いた改革派ゴルバチョフ。日本では遅まきながら、ようやく期待感が高まってきたのが八八年、ちょうどその頃のソ連政界は、表面的には順調に見えていた。しかし、現実は、ゴルバチョフの改革路線に異議を唱える守旧派の反撃が舞台裏で激化し始めていたのだ。翌八九年、ゴルバチョフら改革派は「新思考外交」による成果を挙げようと急ぎ始めていた。

小沢が永田町政治の実力者として力を付けてきた時期、ソ連では、ゴルバチョフのペレストロイカ（改革）路線が分水嶺に差し掛かっていたのである。改革の成果が上がらないゴルバチョフに対するクレムリン内での風当たりは、厳しくなるばかりだった。ゴルバチョフ路線の遅々たる歩みを忍耐強く見守ってきたKGB及び軍産複合体勢力が主導する守旧派の抵抗が強まってきたのだ。改革派は、経済力を誇る西側、特に日本の支援に一段と強い期待を寄せ始めるようになっていた。

†動き出した「小沢訪ソ計画」

先延ばしした小沢訪ソ計画が再び動き始めたのは、九月から一〇月初めにかけての安倍流「バックチャンネル外交」（第二章）が事実上失敗に終わった直後だった。

それは、ソ連側の動きに機を得て始まった。

小沢―熊谷につながるボリスキーがゲンナジー・ヤナーエフ（共産党政治局員兼書記）と共に、一〇月八日の日ソ専門家会議（日ソ友好議員連盟など日ソ友好団体主催）に出席するため来日、二人は首相官邸で海部俊樹（首相）を表敬訪問（一一日）した。また翌一二日には、ヤナーエフが自民党本部で小沢一郎と会談し、対ソ緊急支援を要請した。

ヤナーエフは、エゴール・リガチョフ（元政治局員）、ウラジーミル・クリュチコフ（国家保安委員会［KGB］議長）と並んで、一八年にわたる長期政権を誇ったレオニード・ブレジネフの流れを汲む守旧派だった。翌九一年三月の小沢訪ソ、四月のゴルバチョフ訪日に深く関与するようになるソ連政界の大物だ。その数カ月後の九一年夏には、ドミトリー・T・ヤゾフ（国防相）、クリュチコフらと謀ってクーデタを起こした首謀者となる。この八・一九クーデタでは、ゴルバチョフの失脚と政権奪取を目論み、国家非常事態委員会を設置して、自身が、ほんの一時《いっとき》同然だが大統領代行に就任した強硬保守派だ。

一方、小沢サイドの動きはどうだったか。九〇年一一月二〇日、ゴルバチョフ側近への伝言を託された阿曽は杉森と共に、ゴルバチョフ側近のヤコブレフ（「ゴルバチョフ訪日準備委員会」委員長）に会うため、モスクワを訪問した。この時、阿曽は小沢からの依頼とあわせて、毎日新聞幹部（森浩一編集局長と上西朗夫政治部長）から、翌年春のゴルバチョフ訪日に向けて単独インタビューの約束を取り付けるようにとの密命を帯びていた。

知日派サプリンに先導されてヤコブレフとの会談に杉森と共に臨んだ阿曽は、小沢からのメッセージを伝えた。「ソ連が北方四島に対する日本の潜在主権を認めるなら、平和条約締結の前であってもアンタイドローン（使途先を限定しない借款《しゃっかん》）を含む経済協力を実施する用意がある」

†「新思考外交」の敗北

ヤコブレフは、ゴルバチョフに伝えて具体的な検討に着手する意向を表明した。が、小沢の「バックチャンネル外交」も第二章で述べた安倍「バックチャンネル外交」同様、ソ連国内の政治危機が既に加速度的に進行していた中でのものだった。〈天の時〉は小沢を見放しかかっていた。

「外交はタイミングがすべて」という「ベーカー原則」からは大きく外れ、時空叶わざるバッド・タイミングの外交となる宿命にあった。その時、ヤコブレフがシェワルナゼとのコンビで進めていた「新思考外交」は既に、多くの政敵からの攻撃を受けるようになっていた。その存立はもはや風前の灯火となっていたのだ。

現に、一二月に入ると、ゴルバチョフ訪日に向けて準備するプレーヤーの顔ぶれが大きく変わってしまう。それは、前述したようにシェワルナゼ及びヤコブレフ批判が公然と行われるようになった第二八回党大会（一九九〇年七月）が潮目であった。

シェワルナゼ（外相）は九月、三度目となる日本訪問で、中山太郎（外相）と会談、ゴルバチョフ訪日の期日を翌九一年四月に設定することで合意した。だが、ゴルバチョフの肝煎で作成された、市場経済移行のための「シャタリン計画」は保守派に拒まれた。

一二月になると、保守派との妥協に走ったゴルバチョフに対する抗議行動としてシェワルナゼは人民代議員大会で突然辞意を表明（二〇日）、世界を驚かせた。続いて、「シャタリン計画」策定を主導した改革派の大統領経済担当補佐官ニコライ・ペトラコフも三〇日に辞表を提出した。

ペレストロイカのもう一つのエンジン、改革派の重鎮ヤコブレフの立場にも影響が及んだ。「ゴルバチョフ訪日準備委員会」委員長を解任されて委員会を追われたのである。その拠って立つ基盤は目に見えて弱体化していった。代わって同委員会委員長に就任したのが、人民代議員大会で副大統領に選出された保守派ヤナーエフだった。これは、保守派に政権基盤を揺さぶられたゴルバチョフが、改革路線を事実上放棄、右派に屈したことを意味していた。

ペレストロイカと新思考外交を推進してきたシェワルナゼとヤコブレフの両輪が権力中枢から排除された。その結果、小沢が構築した対ソ連外交のルートは、軍産複合体と情報機関に基盤を有する保守派のルートに限られてしまう。ソ連外交が守旧派に乗っ取られてしまったのだ。この時点で既に「対ソ経済支援と領土問題の対等な取引」は見込めない状態になっていた。保守派の真の狙いが、領土では譲ることなく日本からいかに多額の支援を引き出すかにあったためだ。

†小沢、訪ソを決行

小沢訪ソが実現した時は、訪ソ招請計画が水面下で取り沙汰されてから一年が優に過ぎていた。ソ連では、ゴルバチョフ政権の命脈が尽きようとしていた。一方、日本では、ゴルバチョフ登場後、現職首相の時代を含め三回にわたってゴルバチョフと会談した中曽根、そして、中曽根「元老外交」を支えた竹下が政権を去り、対ソ外交に政治生命を賭けた安倍はこの世を去った。

こうした中での小沢訪ソだった。小沢が事前にインプットされていた「シナリオ」は、熊谷－ボリスキー／ヤナーエフという「バックチャンネル・ルート」で調整が行われたが、それはバックチャンネルに伴うリスクというものを考慮していなかった。

安倍のケース同様、「バックチャンネル外交」というのは、パーソナルな口約束（口頭合意）を基本にして進められるもので、依拠するのは〈相互信頼〉というレトリックのみであった。状況が変わればいつでも放棄される脆弱な「合意」であって、通常、有効な記録としては残らないものである。その意味において、本来、国家間の交渉事である外交交渉においては、外務省抜きの「バックチャンネル外交」が大きなリスクを伴ってくるのは疑う余地がない。

小沢訪ソの場合、出発近くになって、外務省幹部が事務所に呼ばれた。そこで小沢から、ゴルバチョフとの会談に臨む基本方針と考え方が伝えられ、ソ連課長の東郷が同行することになった。だが、小沢サイドがソ連側と調整していた肝心の「シナリオ」については、何も知らされなかった。

さらに、いかに帝国崩壊間近に追い込まれた窮乏のソ連とは言え、小沢は、そもそも自身が乗った「シナリオ」自体が、大国の最高指導者のプライドを傷つける結果になるとは、想像もしていなかった。

この件に関連して補足すれば、二カ月ほど前にゴルバチョフを批判のターゲットにした不可思議な事件があった。

事の発端は、ペレストロイカが生み出したビジネス界の新興勢力の一人、タラソフなる人物の爆弾発言だった。それは、タラソフが「共産党独裁への援助は東からやってくる」として、ゴルバチョフが共産党独裁政権と自身の権力保持のために北方領土問題を日本に売り渡そうと企んでいると発言し、ゴルバチョフの逆鱗《げきりん》に触れた事件だ。タラソフはその後、発言を取り消したが、北方領土の譲渡に反対するKGBリーク説、ゴルバチョフと対峙したエリツィン派との共謀説があり、真相は謎のままとなった。

ロシア問題研究者の長谷川毅は、このタラソフ事件によって「ゴルバチョフが日本の経済協力を取りつけることを不可能にした」(長谷川『北方領土問題と日露関係』)と結論づけている。

この種の情報は小沢のバックチャンネルを通じては入って来なかった。一九九一年三月二四日、小沢は勇んでモスクワに乗り込んだが、その時既にゴルバチョフの胸の奥では、「北方領土返還と対ソ経済支援」を絡めた提案があっても拒否する意思は固まっていたのではないか。このタラソフ事件がゴルバチョフ決断の引き金となったと読むことは可能だ。

第三節　小沢・ゴルバチョフ会談の顛末

†機能しなかった「バックチャンネル」

日ソ間で様々な思惑が交錯する中、小沢訪ソが一九九一年三月末ついに実現、ソ連の最高権力者ゴルバチョフとの会談は三月二五日に行われた。場所は、クレムリンではなく、スタラヤ広場のソ連共産党本部書記長室。党本部を会談場所にしたこの場所の選定には、ゴルバチョフのメッセージが込められていた。ゴルバチョフ側近のチェルニャーエフ（大統領補佐官）は、次のように回想している（『ゴルバチョフと運命をともにした2000日』中澤孝之訳）。

会談の席上、ゴルバチョフは日ソ関係について、小沢に尋ねた。「一体どんなことを念頭に置いているのか？」。小沢は北方領土問題を取り上げ、「国後、択捉、歯舞、色丹の四島に対するわが国の主権を原則的に認めて頂きたい」「（北方領土問題は）国民全体にかかわり、民族全体の基盤に触れる、原則の問題なのです」と強調した。ゴルバチョフが答えた。「（領土問題は）歴史の過程で生まれた」「いずれにせよ、歴史が解決してくれるだろう」「古い立場を捨てようではないか。歩み寄ろうではないか。ほかに道はない」

ゴルバチョフは続けた。「（ここ数年の間に、わが国社会の対日感情は好転したが）一方で、サハリンやハバロフスク地方の世論調査は物議を醸しだしている。すべてが相互に結び付いており、一気に何もかも打ち壊すことはできない」「（日ソ両国は）互いに協力しあうとともに、平和条約締結の交渉を進めていく必要があるのだ。どちらのプロセスも、互いの土壌を肥やし、良い結果をもたらしてくれるだろう。そこは、歴史が決めてくれるはずだ。まだずっと先のことかもしれないし、ごく近い将来のことかもしれない。ドイツでは、すべてが急激に起こったではないか」

この時のゴルバチョフのロジックはこうだ。

「政治は可能性の芸術」であり、自分はベルリンの壁崩壊後のドイツとの関係について、協力拡大の道を探ったが、結局のところ、独ソ関係は「歴史が決めてくれるだろう」との認識を有し、歴史に運命を委ねた結果、独ソ関係は正常化した。同様に、対日関係についても、全面的な関係改善に向けて、まずは幅広く協力する、そして、北方領土問題については、その過程の中で解決に向けて段階的に進めていく。そうすれば、「新しい状況が生まれてくる」というものだった。

同席した枝村純郎《えだむらすみお》（駐ソ大使）によると、最後に小沢はゴルバチョフに質《ただ》したという。

「貴方の言われる両国関係改善案について、具体的に話してもらえないか。このままでは理解できない」。しかし、ゴルバチョフは「それは東京で申し上げる」と答えたに止まった（枝村純郎『帝国解体前後——駐モスクワ日本大使の回想1990-1994』）。

ゴルバチョフの「ゼロ回答」を想定外とばかりに、小沢はここで席を蹴って部屋を出た。この時の小沢の様子について、チェルニャーエフは次のように回想している。「あらゆる点からみて、当惑しながらも意気に燃えた様子で、退席した」

†再会談でも「ゼロ回答」

熊谷が〝ヤナーエフ委員会〟との間で詰めた「シナリオ」の核心部分「打開案」はどうなっているのか。会談後、小沢は声を荒らげた。周辺に発する声には明らかに怒気が含まれていた。事前に聞いていたシナリオ通りに進まず、ゴルバチョフの真意が理解できなかったためだ。会談には東郷も同席していたが、なぜ小沢が腹を立てているのかも「さっぱり分からなかった」

この後、小沢サイドは、自分の立場を説明し尽くせなかったことを理由に、再度の会談を申し入れた。命を受けて、翌三月二六日朝、枝村はチェルニャーエフ（大統領補佐官）と会い、再会談のアレンジを依頼。ゴルバチョフ側が譲歩し異例の再会談に応じた。その日午後、小沢・ゴルバチョフの二度目の会談が行われた。
ここでの小沢発言は次のようなものだった。
(1)一九五六年の共同宣言の有効性を承認し、それを新たな平和条約締結交渉の基礎とする。
(2)その後、ソ日間の領土問題とは、他の二島(国後及び択捉)の運命を決するものと了解されることとする。
(3)(ゴルバチョフ)訪日後に開始される交渉では、他のすべての問題と並んで、国後と択捉の地位の決定にも触れられるだろう。正確な交渉の終了期日を決定することはむずかしいが、両国とも今年度末までには、より正確にはこの秋には必ず交渉を終了することを建て前とする。
チェルニャーエフによると、日本国内にはゴルバチョフ訪日を内政工作に利用しようとするいくつかのグループがあった。当時、そして、ゴルバチョフ訪日が現実味を帯びてくると、その種のグループからの「精力的な、いささか神経質すぎる、うまくいくとばかりは限らない外交駆け引きが始まった」という。

この指摘は興味深い。例えば、そうしたグループの一つが、小沢側近の熊谷らの働きかけだったのだ。現に、九一年二月に入ると、熊谷らが秘密裏に訪ソ、「ゴルバチョフ訪日準備委員会(委員長・ヤナーエフ副大統領)」の一部メンバーと接触、日ソ関係の「打開案」なるものの作成作業が進められた。熊谷らの訪ソには、外務省がまったく関与しておらず、駐ソ日本大使館はまったく知らされていなかった。

小沢が提起したこの「打開案」は、一九九〇年代後半に橋本－エリツィンの交渉後、二一世紀のプーチン時代になって日本政府内で広がった「二島先行論」あるいは「並行協議論」を先取りしたものと言えよう。それには、「日ソ共同宣言の有効性」の確認が大前提となる。この考え方の上に立って小沢がプラスしたのが、「対ソ経済支援」だった。

小沢は、さらに付け加えた。以上の点が決まれば、「日本は本格的な経済援助をする用意がある」と示唆したが、ゴルバチョフはこれを拒絶した。ゴルバチョフは、「くれたら、やる」式のアプローチを受け入れる気はなく、「カネで買う」式の小沢提案に乗って話を進めることはできない、と断言した。

対ソ経済協力案は、通産官僚出身の熊谷が中心となってまとめ上げ、最終的に、その規模は、小沢が大蔵省・斎藤次郎（事務次官）との直接談判で決めた。具体的額としては、「二八〇億ドル」と言われる。

ゴルバチョフ「残念ながら、これら三点すべてについて、具体的にお答えすることはできない。われわれはまだ、具体的な回答を出す用意ができていないと思う。（略）あなたの訪ソと私の訪日の主要課題は、両国の関係を新しいレベルに引き上げ、その発展に大きなはずみをつける条件を用意することだ。この新しい基盤に立ってこそ、平和条約やその文脈での国境問題も含めたあらゆる問題の討議に取りかかることができるだろう。日本の世論傾向や、そうしたものと結び付いているあなたの立場はよく理解できる。しかし、こソ連でも、いまでは世論を配慮しないわけにはいかないのだ」

小沢は「あなたの具体的な決意は公表しない。それはここだけの話にする。だが、訪日中にどこまで踏み切るかについては、ここで折り合いをつけておこうではないか」と持ち掛けたが、ゴルバチョフは、これも拒否した。

ソ連側は、小沢の言動について推し測った。「(小沢は)必ず何か明確な回答を持って帰らねばならなかった。それは、日本国内の政治勢力および党勢力の力関係にとって、重要であるらしかった」と。

力を失ったゴルバチョフ

なぜ、こんなことが起きたのか。小沢・ゴルバチョフ会談が決裂した後、ヤナーエフ副大統領の執務室で、「打開案」に関わった日ソ双方の関係者によるポスト・モーテム(反省会)が開かれた。同席を許された枝村大使によると、ソ連側関係者の発言は歯切れが悪く、あまり説得的でない釈明に終始した。最後に、小沢は自身が取りまとめた対ソ協力案を白紙撤回すると発言、話は打ち切られた。

再会談で小沢が読み上げた「打開案」について、ゴルバチョフ側近のチェルニャーエフは前掲の回想録に、それは「日本でまとめあげられた」ものであると、わざわざ書き残している。つまり、小沢がゴルバチョフに対して読み上げた「打開案」なるものは、日ソ間で合意したものでも何でもないという意味だった。それは、ゴルバチョフにとって「紙くず同然」の代物だったと言えよう。「要するに、副大統領、それもゴルバチョフ訪日準備委員会の委員長でもあった人と大統領との間に、最低限の意思疎通もなかったということです」（枝村）。だが、小沢の言い分は違う。まず、ソ連側から打診があったというのだ。

「僕が（自民党）幹事長の時に、ゴルバチョフの側近から北方領土を返すという話があった。その時は金で買うみたいな話だったが何兆円だったかな。「一坪あたりで考えれば安いもんだし」ということで僕が言ったら、大蔵省も「分かりました、返ってくるならいいでしょう」なんて話になった。（会談でゴルバチョフが提案を拒否したため）僕は怒ったが、ゴルバチョフが「部下は言ったかもしれないがOKと言うわけにいかない」と謝るから仕方なく帰った」（二〇一三年五月四日、東京都内での公開対談で）

小沢・ゴルバチョフ会談で気まずい空気が流れた根本的原因はどこにあるのだろうか。また、その背景と事情は何か。

ロシア側の資料を基にした国際政治学者セルゲイ・ラドチェンコ（英カーディフ大学教授）によると、小沢（幹事長）がモスクワに到着する前日の三月二三日、ゴルバチョフ（大統領）はクレムリンで会議を招集した。小沢との会談への対応について協議するためだった。出席者は、ヤナーエフ（副大統領）、ヤコブレフ（大統領評議会員）、ベススメルトヌイフ（外相）、ファーリン（共産党国際部長）、ロガチョフ（外務次官）、プリマコフ（前大統領評議会員、大統領特使）、チェルニャーエフ（大統領補佐官）ら。ゴルバチョフは彼らから意見を聴取し、小沢会談でのポジションについて様々な可能性を考えた。

会議では、前年暮れに保守派の批判にさらされて辞任したシェワルナゼの後任の外相・ベススメルトヌイフと外務次官・ロガチョフが、二島（歯舞、色丹）の「引き渡し」に応じた一九五六年の日ソ共同宣言に立ち戻って、対応すべきだと進言した。だが、ゴルバチョフは聞く耳を持たず、即座に退けた。ゴルバチョフはかねて心に留め置いてきた言葉に従うことを決めていた。その言葉とは、保守派の論理「日本の要求に屈するべきではない」というクリュチコフ（KGB議長）とヤゾフ（国防相）からの警告だった（Sergey Radchenko *"Unwanted Visionaries"*）。

こうした中で行われた小沢訪ソは、いやが上にもソ連国内のクレムリン政局が密接に絡み合っていた。小沢が提示した「打開案」は、「四島一括返還」の方針を抜本的に変更、日本側が妥協した形になっているが、北方領土問題は第二次世界大戦の結果であり「一ミリたりとも領土は割譲できない」とのソ連側、特に保守派の立場からすれば、そもそも「領土返還」という考え自体、認めるわけはなかった。

ところが、ヤナーエフ委員長の下で、一部のメンバーが関わって作成した「打開案」なるものは、ゴルバチョフに仕掛けられたある種の罠――あるいは踏み絵――の意味を持ったものと言える。ゴルバチョフは、北方領土問題の扱い方の危うさを感じ取っていて、小沢がモスクワに到着する前日に、既に会談でのポジションを決めていた。

ゴルバチョフは訪ソした小沢を総理大臣（海部俊樹）の「特使」とは見なしていなかった。すなわち日本政府の責任を負ったゴルバチョフ訪日（四月）への地ならし役と位置づけた処遇はしなかったのである。三月二五日の会談場所がクレムリンではなく、ソ連共産党中央委員会の一室であったことに、ゴルバチョフのメッセージが含まれていたのだ。

すなわちゴルバチョフは、あくまで「政府・官僚ルート」と「政党・政治家ルート」を明確に区別して対応したのである。このため、小沢に「日ソ関係改善への具体策」を求められても、「それは東京で申し上げる」と冷たく言い放った。

小沢訪ソの下準備を進めていたのは、その翌月に控えたゴルバチョフ「大統領訪日準備委員会」、その委員長は、その五カ月後にゴルバチョフ政権に対してクーデタを企てた副大統領のヤナーエフ（保守派）だった。

ヤナーエフが熊谷ら小沢側近との「日ソ関係打開案」作成に関して、関わっていたことは間違いなく、小沢がゴルバチョフに対して読み上げた「打開案」をソ連側が事前に知っていたのは疑問の余地がない。恐らく、知っていたのはゴルバチョフさえも、である。が、その頃のゴルバチョフは、「新思考外交」の旗手として共にクレムリン政局の嵐を走り抜けて来たシェワルナゼの外相辞任後、保守派に主導権を握られてしまっていた。もはや、ゴルバチョフに日本との厄介な領土問題を解決する力は残っていなかった。

三月二七日朝、小沢は、ワシントン経由で東京に向かうため、帰国の途に就いた。帰国後、小沢は側近に向かって嘆息したという。「ソ連訪問があと半年早かったら……」。が、どうか。ヤコブレフ訪日で始まった〈小沢一郎と北方領土交渉〉の物語は、ソ連の国内政治（クレムリン政局）に深く結びつき連動しており、ソ連の国内要因が小沢対ソ外交の敗北要因となった。ペレストロイカの分水嶺と見なされる一九八八年以降のソ連国内の動向をトレースしてみれば、〈天の時〉に最初から見捨てられていたと言えるのかもしれない。

タイミングが最大の演出者になる外交の世界において、この間、両国間に生じた時間的ズレは、北方領土問題の進展に不可欠な〈天地人の原理（天の時、地の利、人の和）〉が機能しない状態になっていた。不幸にも、そのような最悪の状況下で実現した小沢訪ソは、領土交渉をするには「時既に遅し」の感があった。小沢は交渉のタイミングを失していたばかりでなく、〈人の和〉までも取り逃がす状況に追い込まれていたのである。

当時、ワシントンに駐在していた筆者は、ワシントン入りした小沢と、宿泊先のマジソン・ホテル（スイートルーム）で会う機会があった。小沢は想定外の展開となったソ連側の対応に憤慨していた。「この期に及んで何も決断できないゴルバチョフはダメな奴だ。あんなの政治家でも何でもない」。口調は驚くほど厳しかったことを生々しく記憶している。

それから二〇日後、海部政権が待望していたゴルバチョフ大統領がソ連の元首として初めて来日した。

†ゴルバチョフを遮る〝地雷〟

一九九〇年夏から年末までの間、膠着化《こうちゃくか》した北方領土問題に関する考えつく限りの具体案が、ゴルバチョフ政権下で案出されたが、保守派の巻き返しによって当のゴルバチョフのオプション（選択肢）は想定していた以上に狭いものとなっていた。

その頃、ソ連国内では民族問題が一段と激化。リトアニア、ラトビアへ軍事力を投入し、治安維持のため、軍と警察が主要都市で合同パトロールを開始。経済分野では、闇経済の取り締まりが強化され、新聞法の一時停止への動きなど、グラスノスチ（情報公開）は大きく後退を余儀なくされた。断続的に発生していた炭鉱ストライキは、ゴルバチョフ大統領辞任の要求ストへと発展。さらに四月、白ロシアで物価値上げを機に発生したデモはゴルバチョフ退陣要求を前面に掲げるゼネストへと展開して行った。

ゴルバチョフが、小沢一郎（自民党幹事長）をソ連共産党中央委員会の書記長室に迎えて二日連続で会談（三月二五、二六日）を行った時も、また、海部俊樹（首相）との日ソ首脳会談のために日本を初めて訪問した時も、動乱近しの政変の足音が聞こえてきそうな社会的喧噪《けんそう》の真っただ中でのことであった。

九一年四月一六日、首相・海部俊樹と大統領ゴルバチョフとの日ソ首脳会談が始まった。しかし、領土問題をめぐる双方の立場は平行線を辿った。最大のポイントとなったのは、「五六年日ソ共同宣言」の扱いだった。

平和条約締結後にソ連は歯舞・色丹両島を「引き渡す」と明記した領土条項について、ゴルバチョフは次のような主張を展開した。――それは日本の立場の正当性が認められたものではなく、ソ連が日本国民に対して示した「善意のジェスチャー」であって、その善意が受け入れられず放置されていた以上、日本にとってのチャンスは既に失われた。最早、ソ連は宣言の有効性を確認することは出来ない。

会談は一八日深夜まで難航し、八回にわたって行われた末、共同声明には、玉虫色の文章が盛り込まれ、両首脳の署名が行われた。

具体的には、「五六年共同宣言」という固有名詞を避け、「日本国及びソヴィエト社会主義共和国連邦が戦争状態の終了及び外交関係の回復を共同で宣言した一九五六年」という動詞による表現で「一般化」した上で、「以来長年にわたって二国間交渉を通じて蓄積されたすべての肯定的要素を活用しつつ建設的かつ精力的に（平和条約締結のために）作業する」と明記、この中の「肯定的要素」との文言に共同宣言の領土条項が含まれると、日本側が解釈するということで決着した。そして、「声明」では、ソ連側が積極的に平和条約締結に取り組む証として、北方四島（歯舞・色丹・国後・択捉）の具体名が明記され、平和条約において解決されるべき領土問題の対象であることが、それぞれ初めて公式文書の形で確認された。

この時、ロシア・スクールの兵藤長雄（欧亜局長）と東郷和彦（ソ連課長）を従え、声明取りまとめの司令塔として日本側を主導したのは、リーガル・マインド型の外務官僚・小和田《おわ》恆《だひさし》（外務審議官）だった。こうしてゴルバチョフ訪日については、政官バランスの良い布陣で、一定の成果を挙げたのだが、四カ月後、ソ連国内で政変――八月クーデターが起こり、日本の対ソ外交は、またしても「冬ざれの道」に舞い戻る運命となった。

当時外相だったベススメルトヌイフが後になって、枝村（元駐ソ大使）に語った言葉がゴルバチョフの運命を暗示していた。ゴルバチョフが訪日に先立ってハバロフスクに立ち寄った時のエピソードだ。曰く「日本人抑留者の墓地に献花するという人道的配慮から計画されたものであったが（略）市場にせよ、街角にせよ、ゴルバチョフの行く先々で、『われわれの島を売り渡すな』というシュプレヒコールに出迎えられた。「今にして思えば、これは自発的なものではなく、背後で操っている勢力があったのかもしれない」

ゴルバチョフが歩もうとする道には、あらゆる機会を捉えて保守派の地雷が埋め込まれていたのである。

第四章　外務省主導の原点・変化・分裂

第一節　北方領土が最も近づいた日

「北方領土が最も日本に近づいた日」は、いつだったのか？　それは一九九〇年代初頭、ソ連邦解体前夜に発出された〝一通の手紙〟をもって始まった。

「親愛なる祖国民へ

（略）新しいロシアの指導部が負う無条件の義務は、（略）過去の政治から踏襲されてきた問題の解決方法を探求することにあります。国際社会の一員としての民主主義的なロシアの将来及びその国際的な権威は（略）合法性、正義、国際法の諸原則の無条件の遵守というものを自らの政策の規範となし得るか、ということに多くかかっているのです。

近い将来において我々が解決しなければならない問題の一つに、日本との関係における最終的な戦後処理の達成があります。私は、ロシア人の利益の観点からみて、日本との間に平和条約がないために両国関係が事実上凍結しているという状態に今後とも甘んじていくということは、許し難いことであると確信しています」

「手紙」の主は、冷戦終結後に表出した〈戦略的猶予期間〉一九九〇年代の最後の一日まで新生ロシアを率いた大統領ボリス・エリツィン。九一年一一月一六日に「ロシア国民への手紙」と題する特別声明として発表された。

†ボリス・エリツィンの対日外交観

ソ連解体に伴い西欧との関係を重視した欧化主義を、対日関係では「戦勝国」「戦敗国」の区別なき正義の対等外交を志向した政治家エリツィン。その軌跡は、〈政治的視点〉と〈経済的視点〉を巧みに組み合わせて描かれた。エリツィンは、この二つの視点を軸に、対日外交を推進すれば、〈領土問題〉と〈経済支援〉が相互連動し、日露関係が大きく展開する構図になるのではないかと考えた。

この「手紙」には、既に政権基盤が大きく揺らいでいたソ連大統領ミハイル・ゴルバチョフと決別し、内外にわたるソ連邦「負の遺産」を総決算するとの強い意志が反映されていた。特に、「未解決の問題」解決に向けて全力で取り組む重要課題を、日本との「最終的な戦後処理」と明記、今後ロシアは、国際社会の一員として「合法性、正義、国際法の諸原則の無条件の遵守」を自身の政策の規範にすると宣言した。これが、約二年後（一九九三年一〇月）の「東京宣言」（平和条約締結のために「法と正義」に基づき領土問題の解決に向けて交渉すると細川護熙首相と合意）につながる布石となった。

〝手紙〟に一貫して流れていたのは、西欧との関係を重視して「法と正義」を尊重する欧化主義志向と「戦勝国も敗戦国もない」対等の立場で新たな国家関係を樹立したいという熱意だった。ロシアの独自性を志向し国家ナショナリズムを求心力とするスラブ主義のプーチン現政権と違って、その時、対日外交のベクトルは、プーチンとは真逆を向いていた。

エリツィンの主張に対して、本書「はじめに」で指摘した四つの視点を当てはめれば、例えば二一世紀の安倍晋三・プーチン時代における日露外交戦（第五章・第六章）でロシア側が攻勢のキーファクターとして繰り返し使ってきた〈地政学的視点〉と〈歴史的視点〉の二つは、少なくとも捨象される。〈地政学〉すなわち「在日米軍の影響力が拡大しかねない」などとする日米同盟揺さぶりの論拠と、〈歴史〉すなわち「南クリル諸島（北方四島）は第二次世界大戦の結果としてソ連が正当な形で手に入れた」とする論拠、すなわち首相・安倍晋三の解決意欲を遮断した「それを認めてからでないと交渉に入らない」というプーチン政権の論拠は、意味を持たなくなる。

エリツィンの〝手紙〟によって、日露両国の問題は複雑化せず、交渉の論点が〈政治的視点＝領土問題〉と〈経済的視点＝日本の対露経済協力〉の二点に絞られ、知的格闘技による正攻法の外交戦が可能になった。その分、領土問題進展の可能性が広がったわけだ。しかし、領土問題は国家主権に関わる難題だけに、それでも事は簡単ではなかった。

†コズイレフ秘密提案

ソ連邦崩壊から三カ月足らず。新生ロシアの外相アンドレイ・コズイレフが早々と日本を公式訪問した。北方領土問題をめぐる新たなステージにおける外交戦だった。日本政府はどのように対応したのだろうか。

その象徴的な例が、コズイレフ秘密提案（クナーゼ案）をめぐるケースだった。

一九九二年三月一九日から四日間、東京で第一回日露外相定期協議（東京・飯倉公館）が開かれた。二日間にわたる渡辺美智雄・コズイレフによる外相会談（二〇日、二一日）の終了後、事実上差しの非公式会談（外相と同席者は通訳、ノートテーカーのみ）が行われた。この時、コズイレフが「口頭」で提示したのが、後に「コズイレフ（あるいはクナーゼ）秘密提案」と言われるようになるロシアの領土解決案だった。

秘密提案は、領土問題交渉と平和条約締結のプロセスを明示したもので、(1)色丹、歯舞の引き渡し方法・手順について協議に入る、(2)平和条約の締結、(3)色丹、歯舞の引き渡し、(4)日露両国で環境が整ったら残る国後、択捉二島について協議する——が柱になっている、と言われる。提案は、ロシアが「歯舞・色丹の引き渡し」とあわせて、択捉・国後二島の「継続協議」に前向きの姿勢を示したものと受け止められたが、日本側はその提案を拒否した。拒否の理由については、外務省が「秘密提案」自体を認めていないため、明らかにされていない。ロシア側の真の狙いは「二島引き渡し」で最終決着を図ろうとしているのではないかなどと、その真意を測りかねたためという説や、ロシアは経済支援を欲しており、いずれ「四島返還」まで降りてくるのではないかとの甘い読みが日本側にあったため、という説が伝えられている。

経済的に疲弊し切った国民を抱えるロシアにとっては、日本の経済支援を喉から手が出るほど欲しかった時代。時の総理・宮澤喜一は相前後して「今が解決の潮時だ」などと、周辺に早期決着論をにおわせるようになっていたが、当時、対露外交を実質的に主導していたのは外務省だった。関係幹部の協議では「意見が割れた（当時の幹部の証言）」ものの、最終的には、小和田恆（外務事務次官）が「拒否」の断を下し、宮澤の了承を得た。その判断の真意は脇に置いて、この時、「政」は「官」に追随した。栗山尚一と並び称せられた外務省本流の「リーガル・マインド型」外交官・小和田の考え方に深く依拠した日本側の結論だった。

†〈リーガル・マインド型〉外務官僚主導

この秘密提案をもって、「北方領土が最も日本に近づいた日」と解する向きがある。だが、それは、日本側に「文書」でなく「口頭」で伝えられた、しかもその提案内容には重要な問題が内包されており、大統領に就任したばかりのエリツィンの真意がどこにあるのか、即断はできなかった。というのも、例えば、歯舞・色丹を引き渡すタイミングや残り二島（国後・択捉）そのものの扱いなどについての不明瞭な部分が数多くあったためだ。今では、不明な「交渉の入り口」で質すやり方もあったのではないかと見るロシア・スクールOBもいるが、焦って提案に乗れば、ロシア・ペースの「二島決着論」に引き込まれる可能性が十分あった。現に、提案を作成した知日派クナーゼ（元ロシア外務次官）本人と、「口頭」の提案を書き取った日本側保存のメモを後に読んだ東郷和彦（元外務省欧亜局長）とでは、提案内容をめぐる解釈に食い違いがあることが明らかになっている。

小和田をよく知るロシア・スクールの茂田宏《しげたひろし》（元駐イスラエル大使）によると、小和田には、「規則に基づく国際秩序」こそが、「力は正義なり」すなわち弱肉強食のジャングルのような世界のアンチテーゼとして遵守されなければならないという信念がある。それが、取りも直さず、〈リーガル・マインド型外務官僚〉の自己規律精神と矜持《きょうじ》につながるのであろう。この一点を踏まえて、小和田の心の襞《ひだ》に分け入ってみれば、「北方領土問題」に関する交渉は小和田にとって、まさにジャングル世界の論理に依拠するロシアの「力は正義なり」の姿勢に対して、それを否定するための闘争であったに違いない。

一九八〇年代後期、ゴルバチョフの登場によって、国際政治における地殻変動の震源地となったのはソ連だが、戦後の東西対立の構図がなくなり、先行き不透明になっていく過程において、日本外交には、厳格な規範重視がますます必要になった。そんな中、冷戦終結－ソ連邦解体期に外務官僚の頂点に立って日本の対ソ／対露外交を主導したのが、栗山尚一、小和田恆という〈リーガル・マインド型〉の外務官僚だった。

第二節 「法と正義」志向の領土交渉

†橋本龍太郎の政治主導

一九九三年の秘密提案に対して、日本外交は領土問題をめぐり安易な政治的妥協を排した。が、その四年後、橋本龍太郎（首相）とエリツィン（ロシア大統領）が、「法と正義」

に基づく合意に達する可能性が見える時代が到来した。この間、ソ連邦解体、冷戦構造崩壊後の「戦略的猶予期間」にあって、西欧化を志向する新生ロシアを世界新秩序に組み込もうとする努力が欧米によってなされた。その象徴的な出来事が、クリントン米大統領のリーダーシップによって、G7（先進国首脳会議）がロシアを含むG8化（主要国首脳会議）へと改編された一件だった。

米露対決の時代から米欧・露平和共存の時代へ。冷戦時代には想定できなかったこの〈大情況（国際環境）〉の変化は、時の橋本内閣の対露外交に好ましい影響を及ぼした。それは、既に細川政権下でエリツィンが合意した「東京宣言」に明記された「法と正義」の共有を実践しようとする認識の浸透と広がりである。つまり、第二次世界大戦後の世界を長きにわたって覆っていた冷戦の黒雲が断ち切られた。その結果、「戦勝国も敗戦国もない」対等な日露関係へ移行するステージの出現、それに伴い特に戦後日本の対ソ外交に執拗に纏《まと》わりついて来た日米安保体制の呪縛、それからの日本の解放が現実化されるのではないかとの論理的基盤が、準備されたことを意味した。

橋本対露外交は、北方領土交渉を進めるにあたって、最も厄介な〈地政学的視点〉と〈歴史的視点〉を極小化出来るようになった。対露外交における〈政治的視点〉と〈経済的視点〉を全面展開していけば、北方領土交渉の進展が可能になる、良い環境を手にしたのである。

大情況の変化が、橋本の対露外交を有利に導いたのと同時に、ガバナンスに長《た》けた橋本を得たからこそ、日本の対露外交は、その大情況を活かせる可能性があった。人と時の妙である。

橋本は、五〇年代以来、時に外交の足を引っ張った「政官対立」「政政摩擦」を排し、日本対露外交の政官バランスを「最適化」する中で政治主導外交を推進した。たとえば、クラスノヤルスクでの日露首脳会談（九七年）に向かう助走段階から、橋本は見事に統率した。「政官対立」「政政摩擦」の対処を誤れば、対露外交を進展させる上で大きな阻害要因となる。後述する安倍対露外交については、首脳外交の土台となるフォロワーシップがチーム力にならず、その強靭《きょうじん》さが決定的に不足していた。

その点、橋本はと言えば、対露／対米外交推進の際、縦割り行政の日本にありがちな外務省と通産省（現経産省）の主導権争いを強い政治的リーダーシップによって制御した。すなわち、橋本は、前のめりになる旧通産省出身の江田憲司（総理首席秘書官）、伊佐《いさ》山《やま》健《たけ》志《し》（通商政策局長）らを適宜抑える一方で、外務省・丹波實（外務審議官）を軸に東郷和彦（欧亜局審議官）、篠田研次（ロシア課長）らロシア・スクールの知見を引き出した。リーダーシップとフォロワーシップが協調して連結したことにより、とかく縦割りや主導権争いによってロスしがちな官僚パワーが倍増、日本外交の推進力へと変わったのである。

†橋本対露外交始動

一九九七年七月二四日、経済同友会における首相・橋本の演説は、「ユーラシア外交」演説として有名になったが、その中心はあくまで対露関係についてであった。このスピーチの最初の案文は外務省が用意したものではない。初稿は、江田憲司と伊佐山健志らが中心となって作成したものだったが、初めから橋本は〝餅は餅屋〟にと考えていた。

七月中旬、安藤裕康（総理秘書官）は橋本から指示を受けた。「これを丹波に見せておけ」。安藤はすぐに丹波實と連絡を取り、演説の草稿素案は、間を置かずして安藤から丹波の手に渡った。丹波は、草案を一読すると、欧亜局審議官の東郷を呼び、「生かせる部分はできるだけ生かし、対露外交の政治部分は全面的に書き換えよ」と指示した。草稿（案）を受け取った東郷は、「明日までに」と厳命され、一読して「このままでは使えないな」と思った。すぐに篠田研次にコピーを渡す一方、徹夜で案文修正に取りかかった。

原案はほぼ全面的に書きかえられ、この同友会演説が具体的なシグナルになって、クラスノヤルスクでの日露首脳会談へと発展していったのである。その実現の過程で「最も力となったのは、コール（ドイツ首相）の橋渡しだった。クリントン（米大統領）も後押しして助けてくれた」（江田）。冷戦終結後の〈大情況〉は橋本対露外交にとってこの上ない追い風になっていた。

東郷の言を借りるならば、「橋本ユーラシア外交の本質は、米中のはざまにあって日本が力をつけるためにロシアを活用する、ロシアをアジア太平洋の新しい力学の中に、日本に有利な形で引き入れる――この一点に集約された。その過程の中で、これまで日本外交の最大の課題とされた北方領土問題をも解決する。そういう位置付けであった。」（東郷和彦「日本のユーラシア外交」nippon.com）。中国を意識したこの戦略目標を現実のものに出来る〈大情況（国際環境）〉が現出した時期、それが一九九〇年代だった、と筆者は見る。

†対露三原則「相互利益」「信頼」「長期的視点」

橋本の対露外交は、日露両国が「相互利益」を享受し、「信頼」を醸成していくとともに、「長期的視点」に立って北方領土問題の解決を図ると、内外に原則を明示して展開するアプローチだった。

対露三原則（相互利益・信頼・長期的視点）の適用を基本にした橋本の経済同友会演説（九七年七月）は、(1)マドリードNATOサミットの後の「太平洋から見たユーラシア外交」の概念、(2)対露・対中政策を補完するものとしてのシルクロード外交の推進、(3)日米中露の四角形の一番弱い日露関係を強化するという視点を提起し、対露外交に関する橋本の考え方を明確に国内外に向けて発信したものだ。この対露三原則にロシア側は肯定的に反応した。その約三カ月後、橋本はそれを踏まえて臨んだクラスノヤルスクでの日露首脳会談（九七年一一月一〜二日）でロシア大統領エリツィンの前向きの対応を引き出した。

戦後の対露外交は、ソ連時代に「政経不可分（北方領土問題の解決が経済協力の条件）」の大原則で始まり、新思考外交を掲げたゴルバチョフ（ソ連大統領）が登場すると、領土だけに焦点を当てずに政治、経済、文化、人的交流など幅広い分野で関係を深めていく、すなわち、全体的に国家関係を深める過程で領土問題を実質的に進展させようとする「拡大均衡」アプローチ（八九年）が、提起されたのである。そしてソ連解体後、エリツィン（ロシア大統領）率いる新生ロシアが出現すると、丹波－東郷－篠田、そして後に知恵袋・佐藤優《さとうまさる》（国際情報局主任分析官）も加わる形で、外務省ロシア・スクールに支えられた橋本政権、次いで小渕恵三政権下の対露外交が推進されるのだが、その過程において、多様な分野で接近し絆を深める「重層的アプローチ」（経済協力と領土問題協議を並進させる包括的アプローチ）が打ち出された。

†クラスノヤルスク合意の成果

日露関係は既に、ロシアが西側主要国の首脳会議に正式メンバーとして参加したデンバーG8サミット（一九九七年六月）を機に、改善の方向に動き出した。そして、その時に醸成された勢いに掉《さお》さす形で橋本・エリツィンのクラスノヤルスク日露首脳会談という形で結実した。会談の結果、両首脳は、「東京宣言に基づき、二〇〇〇年までに平和条約を締結するよう全力を尽くす」ことで合意。さらに、経済分野での協力として、(1)投資協力イニシアチブ、(2)ロシアの国際経済体制への統合の促進、(3)改革支援の拡充、(4)企業経営者養成計画、(5)エネルギー対話の強化、(6)原子力の平和利用のための協力という六項目を内容とする「橋本・エリツィン・プラン」を策定した。

ここでのポイントは、第一に、一九九三年の「東京宣言に基づき」と明記されたことである。日露両国「法と正義の原則を基礎」として「北方四島（歯舞・色丹・国後・択捉）の帰属問題を解決することによって平和条約を締結する」、すなわち平和条約は領土問題の解決を意味するものでなくてはならないとの認識を両首脳が共有した。その上で第二に、「二〇〇〇年までに」と初めて交渉期限を明示して区切り、「平和条約を締結するよう全力を尽くす」と明記された点だ。一方、ロシア側にとっては、エリツィンが共同記者会見で「最も興味深いのは、「橋本・エリツィン行動プラン」である」と言及したように、日本の対露経済協力が眼目だったが、それは「拡大均衡」の原則に基づいたものだった。

このクラスノヤルスク合意は、日本の外交にとって北方領土問題の解決に向けた大きな一歩で、日本のマスメディアには、クラスノヤルスク合意を高く評価し、期待値を上げる楽観的な報道が目立った。確かに、一一月一日、深更に及んだ激論、ロシア側〈ネムツォフ第一副首相、ヤストルジェムスキー報道官、通訳のガルージン外務省日本部長〉との〈合意〉事項の字句擦り合わせに臨んで日本優位にまとめあげた丹波には、その成果を自負する気持ちが強かった。

が、その一方で丹波には気がかりな点もあった。それは、クラスノヤルスクに同行しなかったエリツィン側近の本音が奈辺《なへん》にあるのか不明だったこと、加えて、何よりも領土問題に関して質量ともに豊富な知見を有するロシア外務省は、通訳を兼ねた日本部長〈ガルージン、現在の駐日ロシア大使〉をたった一人派遣してきただけで、橋本・エリツィン会談に深く関与していなかった点だった。程なくして、丹波の耳には、懸念する情報が入って来た。「今般の合意は日本に領土を割譲することを意味しない」等々、ロシア側の本音とも思える声がマスコミ報道を通じて伝えられるようになったのだ。

†的中した丹波の懸念

クラスノヤルスク会談から半年足らず。領土交渉の舞台は、静岡県伊東市に移され、丹波の懸念は、よりリアルなものとして胸中に広がった。

一九九八年四月、エリツィンは橋本との約束通り、日本を訪問する。日露外交戦の主要アリーナとなったのは、静岡県・川奈ホテル。クラスノヤルスク会談以来の日露首脳会談が行われたが、その時、丹波の懸念を一気に増幅させる光景が眼前で展開されたのである。

四月一九日午前、橋本、エリツィン両首脳が伊豆半島・城ヶ崎沖合で魚釣りのための舟遊びを楽しんだ後、ホテルに戻って行われた日露首脳会談、それは、ロシア側からヤストルジェムスキー（報道官）と通訳、日本側から丹波（外務審議官）と通訳だけがそれぞれ同席するという差しに近い会談であった。

「ここで橋本総理は、北方領土についての、いわゆる川奈提案をエリツィン大統領に伝える。エリツィン大統領は、その時身を乗り出して、とは言い過ぎであるが、半ば身を乗り出し、強い関心を示し「面白い提案だ」とつぶやいた。しかし、その時、ヤストルジェムスキー報道官が耳打ちしたのを受けて大統領はこの提案を持ち帰って検討したいとの反応を示すにとどまった」（丹波實『日露外交秘話』）。エリツィンの豪腕に期待した橋本だったが、既に体調すぐれぬエリツィンの政治的求心力は低下、対日外交のフォロワーたちに水を差されて、交渉は遮断を余儀なくされた。この時点で橋本の対露交渉は事実上、万事休する形になった。

川奈提案については、政府・外務省は、その内容を正確に認めることなく、今日にいたっているものの、北方四島の主権が日本に属することが認められるのであれば、返還時期、その形態や条件について、柔軟に対応するとの考え方に沿った案だ。具体的には、(1)北方領土最北の択捉島とウルップ島の間に国境線を引くことを前提に、(2)当分の間、四島についてのロシアの施政権を認めるという内容と言われる。

これは、当時の日本にとって最大の譲歩案であった。政治家・橋本としては、一世一代の勝負に出たもので、橋本側近の江田憲司（総理首席秘書官）は、クラスノヤルスク－川奈までのプロセスを「戦後、最も北方領土返還に近づいた日」と言ってはばからない。だが、ロシア側の回答をもらう前に、橋本は九八年七月の参院選で敗北を喫して退陣。同年一一月、後継の首相・小渕恵三が訪露したが、案の定、川奈提案の拒否が伝えられた。

その時のロシア側の回答は、川奈提案は、四島に対する日本の主権の承認という、「日本側の周知の極端な方式に従った問題の解決」を意味する、このような選択肢は、ロシアの世論及び立法機関には受け入れられないであろうというものだったことを、「外務省内部文書」を基に鈴木宗男（元北海道開発庁長官）が明らかにしている。

以上のように、九〇年代の対外交渉を振り返ると、対露外交においては、〈リーダーシップとフォロワーシップ〉の重要性が浮かび上がって来る。とりわけ、首脳外交の時代になった今日では特に、舞台裏でのフォロワーの支えと動きが領土交渉の方向性を決める重要なファクターであることが分かる。

　そこで第五章・第六章のテーマ、徹底して外務省ロシア・スクールを排除した安倍対露外交を取り上げるのに先立って、フォロワーシップの実態をよく理解するため、二〇世紀の対ソ（露）外交を主導した外務省ロシア・スクールの起点・変化・分裂の変遷を見てみたい。

第三節　外務省ロシア・スクール盛衰史

†「ロシア人に心の施錠を解いてはならぬ」

　ひと頃、日ソ関係を取材していると、対ソ不信の論拠に絡めて松岡洋右《まつおかようすけ》とスターリンをめぐるエピソードを口にする者が少なからずいたものだった。

　一九四一年四月一三日、クレムリン宮殿。「日ソ中立条約」の調印が行われた時のエピソードだ。日ソ両国の領土保全と相互不可侵を約束したもので、締約国の一方が第三国から攻撃を受けた場合、他方は中立を維持しなければならないとの条約だ。調印式に臨んだのは松岡洋右とモロトフ日ソ両外相、これにスターリンが立ち会った。

交渉は、樺太問題をめぐり難航した。松岡は一時、決裂を覚悟、帰国を決意したが、急転直下、スターリンの指示によりモロトフは領土問題を棚上げし、同条約（有効期間は五年間の四六年四月まで）の締結が決まった。

調印後のスターリンは上機嫌だった。「私はコーカサス生まれで、アジア人である」と言い、これに松岡は間髪いれず、言葉を返した。「その通り、ロシア人と日本人は互いにアジア人である」。在モスクワ大使館に戻った松岡は、その時の自らの心境を一句に託した。

「ただ拝む　東の空や　春の月」

数時間後、シベリア鉄道・モスクワ駅頭に、電撃的に条約締結を果たして日本への帰途に就こうとする松岡の姿があった。大使館関係者に囲まれ、その場は凱旋ムードに包まれていた。と、その時、スターリンがモロトフを随えて現われ、松岡を抱きかかえるようにして口を開いた。「俺たちはアジア人だ」と言い、「これで日本は南進できる」と呟いた、というが……。

以上は、〝仲間意識〟を前面に出した一見心温まる演出をするスターリンのエピソードだ。が、それから四年四カ月後、ソ連は対日宣戦を布告（四五年八月八日）、翌九日未明にはソ満国境を越え、満州国に侵攻作戦を開始した。さらに、日本のポツダム宣言受諾による無条件降伏後も、一八日には千島列島・占守島に上陸し、九月三日までに北方四島(歯舞・色丹・国後・択捉)を占領した。

ソ連は既に四月の時点で、「日ソ中立条約」の不延長を日本側に通告していたが、有効期限は五年、「期間満了の一年前までに締約国の一方が廃棄通告しなければ、さらに五年間自動延長される」との規定があるのみで、条約の有効期限は四六年四月までであった。にもかかわらず、ソ連は米英両国との「ヤルタ密約」に基づき対日参戦に踏み切ったのである。

以上の「日ソ中立条約」をめぐる一件は、戦後の日ソ関係に決定的な影響をもたらした。冷戦下における日本の対ソ外交には、同じ外務官僚に比べても特殊な要因として「ソ連=悪玉説」が加味され、外務省ロシア・スクールのソ連に対する厳しく硬直化した姿勢につながっていった。その点で、冷戦下の外務省東欧課(後にソ連課)は特殊な担当部局に見られていた。他の部局が、担当国・地域に対して相互交流を深めようとするのに比して、東欧課(ソ連課)は、潜在敵国・ソ連との間で、閉鎖的に本音を隠しつつ、寸分の隙もない外交活動を行わなければならなかった。

五九年一〇月、東欧課長に就任し、対ソ外交の前線に立った都倉栄二(後に駐スウェーデン兼アイスランド大使）は、率直な感想を漏らしている。「基本的に〝闘いの外交〟を展開せざるを得なかった。しかも、お世辞にもフェアな相手とは言えない。ソ連の外交はまさに言行不一致の表現どおりで、彼我の間には不毛の応酬がとめどもなく繰り返され、精神衛生的にも悪かった。われわれは、不屈の闘魂を持たねばやっていけないと感ずるような毎日であった」（都倉栄二『外交官の決断——一万五千日の現場秘史』）。

ロシア問題に関わる者は、心の施錠を外してはならない、という警句として、外交コミュニティに伝わっていたのである。

†「ロシア・スクール」の系譜

外務官僚／外交官は、専門とする語学／地域によって、「アメリカン・スクール」とか、「チャイナ・スクール」「ロシア・スクール」などと、分類して呼ばれる。これは、最初、外務省内において、仲間内で呼び合うある種の隠語だったのを、マスメディアが誇張して広め、一般的呼称として定着したものだ。

ロシア語と中国語は、英語やフランス語、ドイツ語、スペイン語などと違って、国際性のない特殊言語と見なされていた。加えて、ロシア、中国は自由民主主義陣営とイデオロギーを異にする共産圏国家。政策上の対立ということもあって、省内ではある意味、特殊なポジションにあった。このため、ロシア語や中国語を第一語学とする者は、結びつきが必然的に強くなり、仲間意識は非常に強かった。彼らは、他の語学グループと違って、仲間内の名簿を独自に作成したりもした。

「ロシア・スクール」、この呼び名は、誰が言い出した呼称かは不明だが、ソ連時代からのロシアを知る丹波實の定義では、「ソ連・ロシア問題に専門的に携わることに決めた外交官の総称」である。他の外交官との相違点は何か。「特別の結束意識、モスクワで過ごした困難な時期の記憶」であり、「ソ連への対抗が我々のグループを強固に結束させていた」

冷戦下、共産主義国家・ソ連からは情報ひとつ取るのも苦労していたこともあって、「ロシア語研修の外交官は、アイデンティティによる繋がりというか、とにかく絆が強かった」。野村一成、兵藤長雄、丹波實、そして茂田宏、東郷和彦という縦系列の連帯には緩みがなかった。

「ロシア・スクール」の原点について、どこまで遡ればいいのかも定かではない。六五年四月、茂田が外務省に入省した時、既にこの呼称は使われていた。外務省キャリア組にそれを求めるならば、戦後、欧米局第五課長（ソ連課長）、駐ソ大使を務めた新関欽哉《にいぜききんや》（一九三八年入省）だが、実際は、対ソ情報戦を最前線で戦った戦前旧陸軍の流れに源泉を求めなければならない。その視点を踏まえるならば、阿南惟幾《あなみこれちか》陸相（陸軍士官学校一八期卒業）の秘書官を務めた林三郎（同三七期）あたりまで遡る必要がある、と茂田は語る。茂田が入省したばかりの時、外務省東欧課に嘱託で勤務していた林のほか、飯村穣《いいむらじょう》という元軍人がいた。茂田は、林、飯村、この二人からロシア事情に関していろいろと教わった。

飯村は、陸軍士官学校二一期卒。同期には石原莞爾《いしはらかんじ》がいる。清国内のロシア人町ポグラニチナヤ（中国名・綏芬河）に駐在（朝鮮軍司令部附）した経験があり、特務機関対ソ情報、参謀本部第四課長（欧州・米国担当）、トルコ駐在武官を経て、ノモンハン事件（一九三九年）後、関東軍の参謀長に就任した。一九六九年外務省入省の飯村豊（元駐仏大使）は穣の孫にあたる。

外務省キャリア組で、ロシア・スクールの草分けは、新関の後は新井弘一の名が挙がる。都倉が東欧課長に就任した時、若き課員だった新井は「機略縦横」で、首相・田中角栄の訪ソ（七三年）を実質的に支えたロシア・スクールのボス的存在として知られている。その新井を起点に、都甲岳洋、兵藤長雄、丹波實、野村一成、茂田宏、東郷和彦らエース級が七〇－九〇年代の対ソ（露）外交を主導した。

長年、東京新聞で冷戦期の外務省を長期に担当した永野信利の言を借りれば、「外務省の中でもっとも対ソ警戒心が強いのがこのグループで、対ソ外交に関する限り、ソ連邦課長がクビを縦に振らないと首相や外相も大きく動けないほど強い発言権を持って」いた（永野信利『日本外交のすべて』）。

冷戦時代は、基本的に、まず自民党保守本流の政治家も、漁業を担当する農林省・水産庁など一部省庁を除けば他の霞が関官庁も通常、ソ連とは関わりなく職務を遂行できた。さらに言えば厄介な共産主義国との関係には関与しなくても済んだ。こうした中で、対ソ関係は、平時には外務省ロシア・スクールに任せておけばよい、という意識が歴代政権には定着していた。裏を返せば、こうした実情あるいは深層心理が、対ソ外交をロシア・スクールの独占物にする下地になっていたとも言える。

こうした事情に加えて、五六年の日ソ国交正常化以後、日本外交は「外務官僚任せでよし」とする政治家の「官」丸投げの発想と共に、対米偏重で所与のものとなった日米安保体制に縛られた日本の対ソ／対露外交に、幅の広さと深遠さを併せ持つ機会を失わせていた。これが冷戦期あるいは冷戦モードを引きずった日本の対ソ／対露外交の姿であった。

ブレジネフから「ダー」発言を引き出した首相・田中が主役を演じた七三年の日ソ首脳会談は、首相による北方領土交渉史上、特筆すべき「角栄伝説」として今なお語り継がれているが、それには、「ミスター・ロシア・ハンド」新井のフォロワーシップの力強い支えと知恵があったからこそ成り立ったものだった。

†エース丹波、ロシアとの因縁

田中訪ソ後、一〇年が経過した。ブレジネフの死去に伴い、最高指導者ユーリ・アンドロポフが登場した。

早くから「ロシア・スクール」のエースとして将来を嘱望されていた丹波實は、一九九〇年代後半、橋本対露外交の舞台裏で中心的役割を担ったが、そもそもロシアとの因縁が付いて回る外交官人生だった。旧樺太（南樺太）生まれ、札幌育ち。丹波は外務省に入省した時、躊躇《ちゅうちょ》なくロシア語を選択した。東西冷戦の中で「西側」の国と外交をやるより、「東側」の国と外交をやることの方が「よりチャレンジングであろう」と考えたのもロシア語を専門にした理由の一つだった。

丹波は、一九四七年春、八歳の時に、両親、そして四人の兄弟姉妹と共にソ連占領下の南樺太から北海道に引き揚げてきた。一家の住処となったのは札幌市内の片隅、生鮮食料品を扱う「四条市場」で、丹波の両親は「おかず屋」を開き、生計を立てた。少年・丹波も、時にうどん作りを手伝わされたりして小学校、中学校時代を過ごした。幼き頃のそんな体験があって、丹波は成人してからも長い間、麺類を口にしようとしなかった。丹波がその頃を思い起こしてポツリと漏らしたことがある。「餓鬼の頃、屋台を引いて惣菜を売り歩いた時もある。嫌だったなあ、あれは……」

札幌東高校で学んで上京、東京大学法学部第三類（政治コース）卒業後、六二年に外務省入りし、ハーバード大学に留学、ロシア語の研修を受けた。外交官としてのスタートを切ったのは一九六五年、在モスクワ大使館に赴任し、初めてソ連の地を踏んだ。

丹波は外務審議官、駐露大使などを歴任、二〇〇二年に退官したが、この間の緊張感はらむソ連体験について、こんなエピソードを残している。

一九六五年、ロシア・スクールの先輩格、伊藤憲一（一九六〇年入省、公益財団法人日本国際フォーラム会長）が在ソ連大使館の若手書記官時代、厳冬のモスクワ・シェレメーチェボ空港で丹波を出迎えた。近く帰国する伊藤に代わって赴任してきた丹波は、米フォーダム大学に続いてハーバード大学大学院でのロシア語研修やソ連研究を終えてきたばかりだった。

モスクワに着いて間もないある夜、伊藤は「話があるからホテルの外で話そう」と丹波を誘った。二人は厳寒の外を歩きながら仕事の引き継ぎに関する話をした。散歩は、伊藤が「モスクワでの生活上何をしてはならないか」「何に気をつけるべきか」について、ソ連勤務のイロハを伝えるためのものだった。丹波をわざわざ外に連れ出したのは、KGBの盗聴を避けるためだ。丹波の耳朶《じだ》には、あの時の伊藤の言葉が鮮明に残っていた。「パリやロンドンでナイトクラブへ行っていい思いをするのも青春なら、モスクワでKGBに監視されながら、つらい厳しい生活を送るのも一つの青春の姿である」(丹波、前掲書)と。

モスクワに着任した丹波に対するソ連権力の監視の目は、その後も強まりこそすれ、弱まることはなく、リスクと隣り合わせの日常が続いた。冷戦期の丹波は、「我々は常に確信的な反ソ主義者」であると言って憚《はばか》らなかった。東西冷戦時代のロシア・スクールは「日本の世論の大勢よりも遥かに強硬な立場を堅持してきた。我々は世論の背後に立ち、日本社会をソ連との対抗へと押しやるブルドーザーとなった」

だが、冷戦終結―ソ連崩壊によって、世界は一変した。九〇年代を、丹波は振り返った。「『ロシア・スクール』を結束させているのは、対露関係を前進させるという別の課題である。現在、我々は世論の先を進んでおり、世論を我々の側に引きつけようと試みている」

生前、丹波はこんな風に言った。「我が人生に、悔いはあっても恥じ入ることは何ひとつなかった」。北方領土問題は未解決に終わったが、ロシア・スクールの外交官としての矜持には強烈なものがあった。その胸の内には、樺太生まれの外交官としての心象風景が宿されていたに違いない。

†外交血族エリート・東郷の戦い

一九八〇年代、外務省ロシア・スクールの中には、情報収集・分析において先を行く英米外交官との差を埋めるべく、情報収集の在り様に対して問題意識を持つ若手外交官も出てきた。その先駆けとなったのが、東郷和彦だった。祖父は第二次世界大戦中に外務大臣を務めた元外交官・東郷茂徳、実父は茂徳の長女いせと結婚し、戦後、外務省事務次官、駐米大使を務め上げた文彦。日本の現代史に深く関わるエリート外交官一族の血筋を引く和彦だが、決して偉ぶるところがなく、記者とのコミュニケーションを大事にする外交官だった。

六八年四月に外務省に入省した東郷は、欧亜局東欧第一課に研修生として配属された。その後、ロシア語研修やソ連の地域研究ため、英国陸軍教育学校、ロンドン大学スラブ東欧学研究所、英国陸軍教育学校通訳上級コースでそれぞれ研修を受け、七二年にモスクワに赴任した。七四年二月に本省に帰朝するまで、モスクワ大使館に在ソ連邦日本国大使館三等書記官、駐ソ大使秘書官として勤務した。

そんな東郷が二度目のソ連勤務のため、モスクワに赴任したのは八一年初秋。政務班に配属され、「鋼鉄の甲羅を被った権力社会」（東郷）に身を置き、ロシア・スクールの外交官として本格的な活動をスタートさせた。東郷が滞在した八四年五月までの足掛け三年間は、長期政権を担ったブレジネフがこの世を去って後継のアンドロポフも一年余で他界、ソ連の権力体制が金属疲労を起こし、体制自体に軋《きし》みが生じ始めていた時期だった。

元々、共産主義国家・ソ連での外交官としての活動は、極めて難しいものがあった。赤い貴族「ノーメンクラツーラ（特権支配層）」がソ連共産党、KGB、赤軍の国家権力機構を完全に掌握して社会全体を厚く覆い、生活者の微かな息づかいさえも外部に漏らすまいとする時代が続いていたためだ。

警察の制服を着たKGB職員が外国人を厳しく監視し、東郷の最初のモスクワ赴任時は、モスクワ市内から半径四〇キロを超える「旅行」には、当局の許可が必要であった。各国の外交団は、KGB管理下の外国人専用アパートに住居を供与されたが、大使館ばかりでなく、アパート内における私的な会話も電話もすべてKGBの盗聴対象だった。それは、ソ連崩壊後のロシアも変わらなかった（東郷『北方領土交渉秘録』）。

そして、二度目のモスクワ赴任。東郷が感じたのは、かつてソ連社会に、微かではあるが見えていた「希望」の灯が消え、「今日も明日も明後日も、何も変わらない」という感覚が支配的になっていた点だった。

二度目の赴任で対ソ外交の主柱となる政務班に配属された東郷だが、これまでの情報収集のやり方には限界があると感じていた。

それまでのソ連情報の収集の仕方は、三つのカテゴリーに分けられた。

まず第一のカテゴリーには共産党機関紙プラウダや政府機関紙イズベスチア、国営タス通信の報道などによる公開情報、次いで第二カテゴリーに諸外国の在モスクワ外交官との情報交換。第三カテゴリーは、ロシア人からのナマ情報だ。ソ連外務省のロシア部局との意見交換が行われていたが、東郷が政務班長になると、日本大使館ももっと扉を開けて、在モスクワのシンクタンクとの交流も進めた。班員の担当を決めて、東郷が世界経済国際関係研究所（IMEMO）を、西田恒夫（独語）がアメリカ・カナダ研究所を、森敏光（露語）が極東研究所を、夏井重雄（露語）が中東研究所を、と振り分け、ソ連の対外関係情報や内政情報を意欲的に収集した。

だが、問題は英米外交官の対ソ情報収集と決定的に違う第四のカテゴリーだった。このカテゴリーは、政府批判や社会主義の現実的問題点を指摘する「ディシデント（dissident、反体制派）」とのチャンネルを持つことだった。だが、日本大使館にはこの第四カテゴリーにおける情報収集は皆無だった。「鉄の甲羅で覆われたソ連という監視社会」の中では当然のことながら、情報収集する方にも提供する方にも、大きなリスクを伴うからだ。

反体制派知識人の代表格は、物理学者サハロフ博士、作家ソルジェニーツィンらがいたが、フルシチョフの失脚後、言論弾圧を強めるブレジネフ体制下において、彼らを支援する地下出版（サミズダート）を通じて政府批判が繰り返されていた。

こうした中で、東郷は「確信犯的なディシデント」は無理でも、「ディシデント的なロシア人」にアプローチし始めた。それが、具体的な成果として現われたのが、八四年二月、アンドロポフ死去確認の一報だった。東郷は、西側情報の中でいち早く本省に通報したのだが、その時、情報確認のソースとなったのが日頃付き合いを深めていた「ディシデント的なロシア人」だったという。

第四節 外務省対露外交——主導構造の変化

茂田宏は述懐する。「冷戦期のロシア・スクールは絆が強かったけど、ソ連崩壊を機に、ロシア・スクールもバラバラになって行った」。ソ連邦解体は一九九一年一二月、米ソ冷戦構造の瓦解を意味した。世界は新たな秩序構築に向けて「戦略的猶予期間」に突入したのだ。

ソ連に代わって欧化主義を志向するエリツィン大統領率いる新生ロシアが誕生、米国もロシアとの融和を図る姿勢に転じ、日本にとっても外交政策のオプションが広がった。また、対露外交でも、型に嵌った発想から脱却しようとする試みもあり、橋本龍太郎（首相、九六－九八）は外務省ロシア・スクールを軸に、霞が関官僚を束ねてベクトルの向きを同一方向に向けた。結束に乱れはなく、他の政治家が横槍を入れる隙すら作らなかった。

冷戦時代、二大超大国米ソ両国の対立が厳しくなればなるほど、日本では対ソ脅威論を背景に「外務省ロシア・スクール」の存在は際立っていた。外務省ソ連課長が決めた対ソ政策は、欧亜局長が追認すると、そのまま政府の方針になる時代だった。日本の同盟国・アメリカと鋭く対峙するソ連。この超大国を相手に日米同盟を最大限機能させるには、ソ連脅威論を基本にしたタカ派的思考と「潜在敵国」に厳しく対抗できる独特の知見が求められた。それは同時に、自分たちの縄張りを聖域化するツールともなった。

ゴルバチョフ政権との関係で言えば、日本の対ソ外交は、先見の明のあったマーガレット・サッチャーを首相に戴いた英国のソ連対応、それに数年遅れで変化への舵を切った。〈大情況〉の激動期にあって、日本外交の推進体制も構造的な変容を遂げようとしていた。その一つが、ソ連脅威論を基盤にしてきた対ソ連外交の変容だった。

†ペレストロイカを初めて評価

外務省内の雰囲気が徐々に変わり始めたのは、一九八八年春からだが、いち早く、ゴルバチョフのペレストロイカ路線の真骨頂を見抜き、客観的・肯定的に評価したロシア・スクール外交官がいた。それが、派手なパフォーマンスをしない地味な存在だが、冷静沈着に物事を把握して鋭いソ連分析をする職人肌の茂田（ソ連課長）だ。

「課長になったばかりの時は、ゴルバチョフの動きがどれほど大きいものなのか理解できなかった。ところが、課長をやっているうちに考えが変わってきたんです。ゴルバチョフは本気でソ連を変えようとしているんじゃないか、とね」

茂田をそんな気持ちにさせたのは、レーガン大統領とゴルバチョフ書記長によるレイキャビク（アイスランド）の米ソ首脳会談（八六年）だった。最大のテーマだった軍縮交渉は合意に至らなかったものの、ゴルバチョフ外交を見ていて茂田には感じるものがあった。

八八年四月一四日、国連が仲介し、ジュネーブでアフガニスタン、パキスタン、ソ連、米国の外相会合が開かれ、ソ連軍の完全撤退に向けたアフガニスタン和平のための合意文書に調印した。文書は、(1)アフガニスタン、パキスタンの相互関係、特に不干渉・不介入に関する二国間協定、(2)米ソ両国による国際保障に関する宣言、(3)難民の自主的帰還に関するアフガニスタン、パキスタンの二国間協定、(4)ソ連軍撤退への手順を含んだアフガニスタン情勢解決のための協定とこれに付随する合意の遵守に関する国連監視についての覚書で構成されていた。

ペレストロイカがうまく行けばソ連は再生するかもしれない——茂田はその可能性にかけてみる価値はあると、一計を案じた。茂田が仕掛けたのは、宇野宗佑（外相）が北方領土視察のため根室を訪問して記者会見を行い、ソ連にメッセージを発信するという計画だった。八八年四月に入ると、宇野が根室を訪問するのに先立って、事前ブリーフを行った茂田は進言した。「ペレストロイカを肯定的にとらえるメッセージを出す時がきました」

宇野の北方領土視察には、筆者も同行した。船上と陸地双方から北方領土を視察した後、地元メディアも含めて行われた外相記者会見の中で、宇野は張りのある声を上げて強調した。「(ゴルバチョフ政権は)国内政策面でも対外政策面でも、従来とは異なるダイナミックな政策を展開している」「ソ連の政策のうち、肯定的な面は正当に評価していきたい」。茂田のブリーフを踏まえ、日本政府として初めて公式にゴルバチョフ政権を好意的に評価するメッセージだった。

その約一カ月後、ソ連軍のアフガニスタン撤退が始まった。茂田ばかりでなく、次期ソ連課長に内定していた東郷和彦も、微風ではあるがアジアで初めて「ペレストロイカの風」を感じた瞬間だった。

†外務官僚の三類型

村田良平(外務事務次官、独語)が生前、こんな言葉を残している。

「ロシア語と中国語を第一語学とする人々の結び付きは比較的強いが、内部で政策上の対立も往々あり、他の語学グループ以上に、自然と実力を持つ主流派と傍系とに分れがちであることも事実だ。英語は数が多すぎてスクールとは言えない。フランス語を研修した人達には一種の連帯感めいたものはあるが、ドイツ語に至っては単なる親睦グループ以上のものではない。スペイン語の場合は、自他共に認める実力者が中南米局長や大国の大使になるものの、「派閥」といった感じではない。アラビア語は（略）私の入省した頃はそもそも上級職は一人もいなかった。メディアが「スクール」というものを誤解ないし誇張しているのが実情だ」（『村田良平回想録　上巻』）

ただ、ロシア語の場合、その結束力、共有する知見、発想を基盤に〝仲間意識〟が培われ、外務省内のグループの呼び方として、「ロシア・スクール」には意味があった。特に、冷戦時代は、日本外交の政策決定において重要な役回りを演じた点は否定できない。

ところが、冷戦が終結すると、その役回りは、決して絶対的なものではなくなっていく。それは、ソ連脅威論の上に岩盤のように成り立っていた「ロシア・スクール」の対ソ外交姿勢に構造的な変化が生じたことを意味した。例えば、一九八〇年代後半、改革派のゴルバチョフが打ち出した「新思考外交」によって、ブレジネフ－グロムイコ時代の守旧派対日外交の峻険《しゅんけん》な巌《いわお》が崩れ始めた時が、変化の節目になった。その頃から、日本の対ソ外交、後の対露外交は「ロシア・ハンド」の独占物ではなくなる。

八〇年代後半から九〇年代初頭にかけて、改革派ゴルバチョフが登場したソ連との外交関係の中で、それまで対ソ外交を独占してきたロシア・スクールを補完し、時にリードするように、対ソ／対露関係で確かな存在感を示したのが、〈リーガル・マインド型外務官僚／外交官〉だった。

　外交テクノクラート、つまり外交に関わる高度な専門性を有する外務官僚／外交官をあえて筆者流に単純化して三つの類型に分けてみると、〈リーガル・マインド型〉〈現場最重視型〉〈戦略思考型〉に整理できる。

〈第一類型〉冷戦時代、国際法における豊富な知識／知見を最大の武器に日本外交に貢献したタイプ。規範に厳格で、国内政治には一定の距離を置き、戦後の外交的枠組みの堅守をプライオリティの最上位に置く。代表格は、栗山尚一、小和田恆で、柳井俊二や竹内行夫、駐ソ大使経験者なら高島益郎を〈リーガル・マインド型外交官〉と呼ぶ。

〈第二類型〉変幻自在に動く国内外政治の大情況の中で、目標実現のため、現場での外交活動とあわせて政治家のパワーを積極的に引き込む、すなわちリーガル・マインド型が鉄壁の守りなら、攻めの外交を展開するタイプ。〈現場最重視のプロアクティブ型外交官〉である。アメリカン・スクールなら岡本行夫や田中均、藪中三《やぶなかみ》十二《とじ》、佐々江賢一郎、ロシア・スクールなら東郷和彦が代表格だった。

〈第三類型〉理念を重視しつつ、一定の枠組みの中で政治的パワーとの均衡を維持し、長期的な視点で対応しようとするタイプで、〈理念重視・戦略思考型外交官〉と呼ぶ。アメリカン・スクールなら加藤良三、ロシア・スクールなら丹波實、チャイナ・スクールなら宮本雄二が代表格だった。

この三類型のうち、紆余曲折を繰り返してきた北方領土交渉史において〈フォロワーシップ〉の次元に光を当てるための視点として重要になるのが、〈リーガル・マインド型外務官僚〉だ。なぜなら、冷戦末期−終結−ソ連解体と〈大情況〉が激変する中で、その変化に対応するため、外務省としても、「四島一括返還」という硬直化した路線にばかり固執できなくなったからだ。ちなみに、九一年一〇月、外相・中山太郎のモスクワ訪問時から「四島一括」の表現をしなくなったが、その一方で、「四島返還」という大義を貫くため、欧米によって構築された国際法を土台に組み立てられた戦後日本外交の枠組みを堅守できる外務官僚が主導権を握る必要性があったのである。

ロシア・スクールにおいては、事務次官時代の小和田が条約局長に抜擢した丹波が、橋本対露外交の際には、「四島返還」という大義を崩さない〈リーガル・マインド型外交官〉のような役回りを担った、と筆者は見る。丹波は、米国、中国、ソ連三カ国の日本大使館で勤務。本省でも、ソ連課長ばかりでなく、北米局安保課長、同審議官、国際連合局長、条約局長など重要ポストを歴任。橋本内閣時代には、リーガル・マインドを十分兼ね備えた外務審議官として対露外交に尽力した。

ちなみに、四次にわたる安倍内閣を、ほぼ通しでその外交を支えた谷内正太郎（初代国家安全保障局長）はどうか。信義に厚く「和」と「志」を重んじる谷内は、エリート外交官にありがちなスタンドプレーを好まない。曰く、「外交というのは相手と交渉して、物事をまとめていく能力が一番大事だ。国を背負って任務を果たす外交には、相互信頼がなければ実質的な話が進まない。まず、相手の「信頼」を得て、話をまとめて行く。大事なのは、「誠実」であること。約束は必ず守る、できないことは約束しない。そして主張すべき点は主張するが、譲れる点は譲る」。つまり、大胆さと、しなやかな感性をあわせ持っていなければならないということだろう。

谷内は外交という業を知悉《ちしつ》し、部下の資質を見抜いて振り分ける人材活用の才に秀でるが、自身、裏舞台の交渉でも能力を発揮し実績を挙げたプロアクティブ外交官だ。ただ、「新しいアプローチ」を出した後の安倍対露外交についてはクールに徹し、深く関与しようとはしなかった。三類型のうち、どれか一つには当てはめにくいマルチタイプだが、第一類型の意識は持ちつつ、あえて分類すれば、第三類型の外交官と言えるかもしれない。

もちろん、表舞台で活躍するキャリア外交官とは別に、外交には情報・調査の面から任務を遂行する専門職の外交官（後年、キャリア組に登用された者を含む）がいる。直近で言えば、イスラエル問題の佐藤英夫（ヘブライ語）、アフガニスタン問題の高橋博史（ダリー語）、イラン問題の鈴鹿《すずか》光次《みつじ》（ペルシャ語）、ロシア問題の佐藤優（ロシア語）らが挙げられる。中には毀誉褒貶があったとしても、彼らが〝職人技〟で収集したディープな情報を基に、キャリア組のエリート外交官が輝いたケースがあったことを忘れてはならない。

†ロシア・スクールの分裂

冷戦期に無類の結束力を誇ったロシア・スクールだが、一九九八年七月、橋本が退陣すると、フォロワーたちの結束がたちまち緩《ゆる》んだ。四島返還派対二島先行返還派（段階的返還）の対立が表面化、ロシア通の政治家・鈴木宗男が絡む〈政官対立〉〈官官摩擦〉によってロシア・スクールは四分五裂、存在感を失っていった。

例えば、冷戦終結後の「ロシア・スクール」の流れを辿ると、茂田は、ペレストロイカやソ連解体直後のロシア大統領エリツィンのリーダーシップによる北方領土問題進展の可能性に留保をつけながらも、対ソ／対露強硬派路線を貫いた。

一方、東郷は外交力に不可欠な政治家のパワーを引き込む点に、より力点を置きつつ、佐藤優と共に北方領土問題の膠着化打開に向けて突っ走った。が、「官（外務省）」に対する「政」の過剰介入を許し、特定の政治家に付け入るスキを与えてしまった点は否めない。茂田／東郷以後の「ロシア・スクール」は、北方領土問題の前進に不可欠な〈政〉と〈官〉の微妙なバランスの上に立って、対露外交を展開して行く。〈政〉と〈官〉のバランスの良さが、程よく前進へのベクトルに伝動して行ったのが、橋本政権時代の対露外交だったが、橋本、あえて言えば小渕亡き後、対露外交のリーダーシップとフォロワーシップをめぐる規律と〈官〉の組織には致命的な乱れが生じて行った。

この外務省内亀裂の後遺症が、その後の外務省の対露外交を弱体化させたのは疑問の余地がない。それは、第五章と第六章で後述するように「安倍対露外交」の結末とも密接に絡んでくるのだった。

冷戦構造の崩壊は、関係諸国の国内政治や霞が関官僚の世界にも影響が及んだ。外務省ロシア・スクールには、篠田研次、原田《はらだ》親仁《ちかひと》、小寺次郎、上月豊久、武藤顕《むとうあきら》ら才能豊かな新世代のロシア・ハンドが登場した。しかし、北方領土交渉に絡んで、ある者は政治の過剰介入による政官暗闘／官官摩擦の犠牲になり、ある者は見えざる精神的ストレスが昂じ、ある者は肉体的に病魔に侵され、外務省を去った。上月（駐ロシア大使）を除いて、ことごとく、政官摩擦の谷間に嵌って身動きが取れず、「ロシア・ハンド」としての活躍の場を次々と潰されて行ったのだった。上月の場合、森喜朗（元首相）との出会いと、東郷、篠田、原田ら年長世代が出くわしたような政官／官官摩擦から免れた後発世代という幸運もあって、新旧時代双方の「ロシア・スクール」を知る最後の外交官といえるだろう。

†「二島」か「四島」か

米ソ冷戦の終結は、大国による新たな覇権闘争の始まりでもあり、日本に複眼的思考外交の必要を迫った。前述したコズイレフ秘密提案（クナーゼ秘密提案とも）は、日本外交にとって、(1)時代と歴史の潮流を読む力、(2)日本の国力と関係諸国のそれぞれ国力を評価する分析力と対応力、(3)外交のリーダーとフォロワーたちの認識力・判断力・決断力ーといった力量・能力をどの程度持ち合わせているか試されるケースとなった。すなわち、多国間外交が主流となる国際政治における日本外交の〈戦略的リアリズム〉の真贋《しんがん》が、ロシア問題で問われることになったのである。そして、この「秘密提案」がロシア・スクール内で広く共有され始めると、領土問題の解決に向けて新たなアプローチが提起されるようになっていった。

その一つが、上述した外務審議官・丹波實が裏方として主導した橋本内閣のユーラシア外交（＝対露外交）であった。その特徴は、四島の帰属問題の決着（主権が日本にあることをロシア側に認めさせる）のを大前提に、まずは択捉島最北部とウルップ島の間に境界線を引く「国境画定」論を基礎として交渉に入り、双方が合意するまでの当分の間は、ロシアの施政権を容認するという、いわゆる「川奈提案」だ。ロシア側は、この日本提案を一定期間、主権の移譲を遅らせるだけの「香港方式」と受け止めた。その結末は、最後には「四島返還」に辿り着くことになる「川奈提案」の拒否となった。

そして、もう一つは、橋本退陣後に東郷(外務省欧亜局長)が鈴木宗男(内閣官房副長官)や佐藤優(外務省主任分析官)と連携して形成した流れだった。「四島一括」の国境線画定にこだわった川奈提案挫折の後、同提案とは違う切り口によって領土問題を進展させようとした段階的解決方式に辿り着いたのだった。これは、五六年共同宣言に明記された「二島(歯舞・色丹)引き渡し」の確保を大前提に、少なくともレトリック的には「残り二島の国後・択捉」をも協議対象(α)として交渉をつなげる「二島返還+α」論の一つだ。狙いは、主権問題を突出させることなく経済協力分野を織り込み〝星雲状態〟のまま交渉に入り、残り二島(国後・択捉)をも対象に「並行協議」によって平和条約交渉を加速させようというアプローチだ。ただ、その変形としての「二島先行〝返還〟論」が錯綜《さくそう》、〈政官摩擦〉や外務省内の〈官官摩擦〉など複雑な内部事情が絡んで、ロシア・スクールの分裂や日本の対露政策に混乱をもたらした。そして、「二島+α」論は後述するように、安倍晋三「対露外交」の領土交渉にも影響を与えた。

さらに複雑な事情について分け入ってみると――。

二〇〇〇年九月、プーチン訪日時の首脳会談で一九五六年の「日ソ共同宣言」の有効性を確認したプーチンが、五六年宣言に基づいて歯舞・色丹の「二島引き渡し」を言い出した時、残る二島（国後・択捉）の討議を認めさせて協議をいかにつなげるか。東郷にとっては、それが翌年に想定されるロシア南東部イルクーツクでの日露首脳会談の成否を決める最大の戦略目標となった。

東郷の表現を借りるならば、三段跳びのホップ（第一段階）「五六年宣言の有効性の確認」、ステップ（第二段階）「歯舞・色丹の日本への引き渡しの確認」については、首脳会談やNHKのインタビューにおけるプーチン発言で、「二島引き渡し」が現実味を帯びたと感じるようになった。そこで、イルクーツクではジャンプ（第三段階）として、「五六年宣言には明記されていない国後・択捉を今後の協議対象にする（＋α）」ことを、プーチンが容認するかどうか。これが、東郷にとっての最大関心事となった。

東郷は、「二島＋α」論の考え方について首相の森喜朗に進言、森はイルクーツクにおける日露首脳会談（二〇〇一年三月）で提案した。会談に同席したのは、日露双方の通訳を除いては、ノートテーカーとして加藤良三（外務審議官）とプリホチコ（大統領府副長官）のみ。その時の森提案が、「歯舞・色丹の引き渡し」の問題と「国後・択捉」の主権の問題を並行的に協議するという、いわゆる〈並行協議〉案だった。

この森の提案に対して、プーチンは何と答えたか。加藤と通訳が帰国の機上で作成した会談記録を読んだ東郷によると、「真剣な議論が交錯した後、最終的には、「承っておく」という言い方でしめくくられていた」。席上、プーチンが少なくとも「ノーと言って森提案を拒否しなかった」ことから、「並行協議」の道は開かれたと判断し得た。四月で欧亜局長退任が内定していた東郷は安堵の胸をなでおろした。だが、「承っておく」とのプーチン発言の真意が奈辺にあるのかはなお不明だった。その時、「承っておく」との訳が「プーチンが使ったロシア語「パスモートリム」（英訳ならLet us see.）のニュアンスを正確に伝えていないためだ。プーチンの答えは「ちょっと、見てみよう」というほどの軽い意味だったというのである（東郷『北方領土交渉秘録』）。

このため、東郷はロシア側の真意を確かめようと、欧亜局長として最後の出張のためモスクワに出向いた。その結果、自身の退任後にいずれ「並行協議が始まる」との〝確証〟を得て帰国した。外務次官ロシュコフから「並行協議開始」を言明されたわけではない。だが、〝確証〟の根拠となったのは、東郷がモスクワ入りしたちょうどその日にインタファクス通信が配信した外務次官ロシュコフとのインタビュー内容と、それを踏まえた上での翌日のロシュコフとのやり取りを通じた東郷の心証だった（拙著『日本の戦略外交』）。

東郷は以後、イルクーツクでの日露首脳会談を「島が一番近づいた日」と確信するに至った。首相・森はと言えば、水産高校の練習船と米海軍潜水艦が衝突した「えひめ丸」事故への対応で批判され、イルクーツク首脳会談の時点で既に辞意を固めており、プーチンとの会談一カ月後に首相を辞任。新首相の小泉純一郎が外相に抜擢《ばってき》した田中眞紀子は、父・角栄の一九七三年の「レガシー（ブレジネフの「ダー」発言）」を踏まえて「四島一括返還論」に肩入れした。対露外交は混乱した。さらに田中は、対露政策をめぐって鈴木と真っ向から衝突、二人の対立はアフガニスタン支援問題も絡んで抜き差しならぬ状態になった。その結果、田中は更迭《こうてつ》され、鈴木も衆院議院運営委員長辞任に追い込まれた。

その後、対露外交を取り巻く日本側の情況は、虚実入り混じった数々の疑惑が報じられる中で鈴木、佐藤（主任分析官）らの逮捕、東郷の退官にまで発展した。この間、田中の後任として外相に就任した川口順子《かわぐちよりこ》は、露外相イーゴリ・イワノフに「並行協議なる案は日本政府の見解ではない」と公式に伝え、プーチンの、二〇〇〇年九月訪日を起点とした日露交渉は終結する。

†曖昧な首相特使

この局面の日露交渉は、依然として多くの解明されない謎が残されている。

その一つは、プーチン訪日（二〇〇〇年九月）から三カ月後に敢行された鈴木宗男の訪露だ。森の「並行協議」提案に至る道程にあって、鈴木宗男が首相・森の同意を得て佐藤優と共に訪露、プーチン側近ナンバーワンのセルゲイ・イワノフと会談（一二月二五日）した。これは、首脳対話を補強する「バックチャンネル」構築のために進められたものだが、その際、ロシア側に渡した「ノン・ペーパー（非公式メモ）」なるものに何が書かれていたか、また会談における鈴木の説明についての記録は明らかになっていない。

一説には「ノン・ペーパー」の内容は、「二島先行返還による段階的解決案」（佐藤和雄、駒木明義『検証　日露首脳交渉――冷戦後の模索』）と言われるが、東郷は筆者に口を極めて強く否定した。というのも、その案は「段階的解決」と付言しているものの、歯舞・色丹だけで交渉を終わらせるると、受け止められかねないからだ。

「五六年宣言」を基礎に交渉を始める手法と絡めた「二島先行返還論」は、(1)ロシア側が歯舞・色丹は日本に帰属していることを確認、(2)平和条約締結に先立って歯舞・色丹を日本に引き渡す一方で、「中間的な条約」を締結、(3)その上で国後・択捉について新たな交渉に入る案だが、言わば「二島こっきり論」（東郷）ととられかねない「二島先行返還論」を、あの時点で、東郷と「三位一体」で結束していた鈴木と佐藤が提起することなど「絶対にあり得ない」というのだ。

ロシア側の交渉ポジション、すなわち⑴一九五六年当時、「日ソ共同宣言」に合意した時の立場は「歯舞・色丹二島で終わった」、⑵今後、仮に五六年宣言を起点に交渉を始めた場合、「四島」の土俵で議論していても交渉決着のためのロシアの立場は「二島」に変わりはない、⑶五六年宣言の有効性を認めても直ちに「二島」を引き渡すわけではなく新たな政治決断が不可欠、⑷その場合であっても、引き渡しの対象は「二島」のみ（二〇〇〇年一〇月の外務次官級協議でロシュコフ次官）――。それらを承知している東郷・鈴木・佐藤の三人は認識を共有しており、それを打破すべく全力を傾けていたというわけだ。

確かに東郷は、このプーチン訪日以降、「ホップ・ステップ・ジャンプ」の三段階戦略に沿って、残り二島を今後の協議対象にすることをロシア側に認めさせるため、昼夜、悪戦苦闘していた。その点に疑問の余地はない。だが、イルクーツク日露首脳会談までの正味七カ月間の実務者レベル協議および外相会談をはじめ、日露双方の動き、日本の政局動向などをトレースしてみると、鈴木と東郷の間に、交渉に向けた認識と着地点の微妙なズレがあったようにも見える。それは〈政〉と〈官〉、それぞれ独自の役割と任務、立場の性《さが》から生じるものだったに違いない。

セルゲイ・イワノフと鈴木の会談に話を戻せば、イワノフはプーチンの指示で鈴木と会うには会ったものの、鈴木の方から持ち出した北方領土問題に関してまともに取り合わなかった。北方領土問題の扱いは主権に関わるものだけに、ロシア要人にとって多大なリスクを伴う。このため、イワノフは「自分の役割にあらず」と外務省に対応を任せてしまったのだ。その結果、鈴木－佐藤の目論見はあっさり消えた。外務省ルートとは別の、首脳レベル対話の補強と独自ルートの構築に失敗したのだ。

鈴木訪露をめぐっては、その準備は、実務者レベルで外務省本省－駐ロシア大使館という公式な外交ルートを実質的に通さずに進められ、「首相の特使」との触れ込みで訪露した「交渉人・鈴木」の資格も曖昧だった。

また、この時、鈴木は「森親書」なるものを携行し、東郷（欧亜局長）が同行したが、肝心のイワノフとの会談には鈴木の通訳として佐藤が同席。鈴木は東郷の同席を許さなかった。側近ナンバーワンとの新たな対露チャンネルを開くために、外務省内の冷たい視線にさらされながら鈴木に同行した局長の東郷が、肝心の鈴木・イワノフ会談に同席できなかった点は、どうにも説明がつかない。

例えば、明確に「残る二島（国後・択捉）」を絡めた合意を志向した東郷の「並行協議」に対して、これは『検証　日露首脳交渉』の佐藤・駒木説が真実ならばの仮説だが、「二島先行返還論」なら「残る二島の協議」はレトリック上の余韻としてのみ残り、五六年宣言に明記された二島が引き渡されて交渉が終結する「二島こっきり論」の可能性に含みを残したことになる。

この訪露の主導権を握っていたのは鈴木－佐藤で、首相・森は同意し、外相・河野洋平に間近になって伝えただけだ。外務省内には事実上の「二元外交」との声が広がった。

年が明けて一月、外相・河野がモスクワを訪問、露外相イーゴリ・イワノフと会談したが、日露関係筋によると、会談終了後、廊下を歩きながら、イーゴリ・イワノフは、鈴木が自分に渡したノン・ペーパーの真偽の程を確かめた。これに対して河野は、日本政府の方針とは関係ないことを伝えたと言う。

ロシア側が、既に二月二五日に固まっていたイルクーツクでの日露首脳会談の日程を一カ月先延ばししたいと言ってきたのは、河野が帰国の途に就いたその日の夜だった。理由は、大統領周辺と外務省の連絡、調整が齟齬《そご》を来した結果だということで処理されたが、「鈴木ノン・ペーパーを前提に準備を始めていたロシア側に時間が必要となったためだ」(同関係筋)とも言われる。真実がどこにあるにせよ、イルクーツクまでの道程に生じた謎の一つであった。

一方、プーチン訪日後、二〇〇〇年秋以降の国内政局に目を移せば、支持率が低迷したまま六月の衆院選挙に敗れた首相・森は、自民党内で批判や不満が渦巻く中で、「加藤紘一の乱」などによって窮地に追い込まれていた。鈴木が自身の功名心と併せて森の援護射撃のため、森対露外交の成果をアピールしようとしたとしても不思議ではない。

✝ロシア・スクールなき対露外交へ

橋本退陣後の外務省ロシア・スクールは、首相官邸との「政官摩擦」や省内「官官摩擦」が領土交渉の「二島か四島か」の単純な構図に置き換えられて、内部分裂が生じ、外務官僚機構の秩序・統制に歪みができた。その結果、厳格な縦の規律によって秩序立っているはずの官僚社会に隙が生まれた。その隙を突いて、政治のパワーが無闇に闖入《ちんにゅう》し、外交組織内に「官」の矩《のり》を踰《こ》えてしまう現象も現われ、指揮命令系統に乱れが生じた。すると、独自に有していたロシア・スクールのパワーが激的に削がれ、外務省内での存在感が目に見えて希薄になった。このことに疑問の余地はない。

こうした情況を踏まえて、安倍晋三（首相）の対ロシア外交フォロワーの陣容はどうであったか。

まず第一に、日本の首脳外交は、首相官邸と外務省の関係性によって、その〝色合い〟が大きく違ってくる。中でも安倍首脳外交がひと際、光彩陸離の様相を呈したのは、谷内ら外務省（OB）との関係が良好だった点にある。しかし、対露外交に絞ってみれば、第五章および第六章で詳述するように、首相官邸と外務省の関係性、すなわちリーダーシップとフォロワーシップの最適化には大いなる疑問符が付いた。

安倍主導外交は、これまでの対ロシア外交とはまったく違う構図となった。橋本の対露外交は、丹波－東郷を軸とした外務省ロシア・スクールの手法・経験則・教訓を基盤に、リーダーシップとフォロワーシップが最適化したチームの中で展開された。だが、安倍の「新しいアプローチ」外交は、対露外交の仕組みを異次元的に劇変させる陣容を敷いた。霞が関各省庁幹部の人事権を一手に掌握した内閣人事局（二〇一四年五月三〇日設置）が、より首相官邸のパワーを高める一方、元々ロシア・スクール自体が低迷していた外務省の総体が地盤沈下し、そのパワーを加速度的に激減させたことは間違いない。

例えば、二〇一六年、首相・安倍が打ち出した「新しいアプローチ」による対露外交は、まず〈経済的視点〉ありきの「経産官僚」の知見が最優先される布陣となった。すなわち、安倍対露外交は、首相官邸による「ロシア・スクールなき対露外交」と化した。

それは、一見、ゴルバチョフ時代に外務省ロシア・スクールが唱えた領土と経済を両輪に対露外交を進めるかつての「拡大均衡論」のように見えたが、「政経不可分」の原則を極力薄めて――否、実質的に未確認のまま――星雲状態の中を突き進む「ギャンブル外交」の様相を呈するようになったのである。

第五章　安倍対露外交——敗北の構造

安倍晋三は首相在任中、外交本来のあるべき姿である首脳外交を精力的に推進し、「積極的平和主義」、そして「自由で開かれたインド太平洋」といった理念を掲げて戦略外交を展開した。「地球儀を俯瞰する外交」と称して注力した外遊は、八〇カ国、延べ一七六諸国・地域に及び、飛行距離にすると、一五八万一二八一キロ。地球を約四〇周、月と地球を二往復した計算になる。縦横自在、地球儀に〝航跡〟を描いた安倍外遊の回数自体、歴代首相の中でも稀にみる存在感を世界に示した日本外交として特筆される。

集団的自衛権の一部を認めた安保法制の整備や、日本が米国抜きでまとめた「環太平洋経済連携協定（TPP：CPTPP、二〇一八年三月署名）」などは、今日につながる戦略的構図を示したものとして、評価することは可能だ。しかし、北朝鮮による拉致問題に並んで、自身最大のレガシーに、と鳴り物入りで取り組んだ北方領土問題については挫折。二〇年夏、首相・安倍は自身公表している持病「潰瘍性大腸炎」の悪化を理由に退陣を表明、対露外交に自ら終止符を打たざるを得なかった。

安倍がレガシーづくりの主柱とした対露外交は惨敗に終わったと言えよう。その経過をトレースしてみれば、そこには二つの大きなヤマ場があった。

一つは、「新しいアプローチ」と称して始動した対露交渉の中で、安倍が、山口県長門市での日露首脳会談を一つの結節点（節目）と位置づけていた一六年。もう一つは、日露両首脳がシンガポールにおいて日ソ共同宣言（一九五六年）を基礎に平和条約交渉を加速させようと合意した二〇一八年である。だが、いずれの時も、決着予想の針がどう振れたにせよ、報道で盛り上がったほど北方領土問題に実質的な進展はなかった。

二つのクライマックス――一六年と一八年における「新しいアプローチ」による対露外交の実態はどのようなものだったか。官邸が売りにしたロシア大統領プーチンとの首脳会談は、第一次内閣から数えて通算二七回に及んだが、安倍訪露が一一回を数えるのに対して、プーチン訪日はわずか二回（うち一回は国際会議出席）である。こうした数字を踏まえて、厳密に評価を下すには、その軌跡を事実に即して辿り、その内幕を冷静に吟味しなければならない。

第一節 「経産官僚」主導の起点

†プーチン側近の訪日

二〇一六年に安倍内閣が打ち出した対露外交における「新しいアプローチ」の起点となったのは、安倍が関連法案の成立に全力を挙げた「新安保法制」(一五年九月に関連法成立)の整備がひと段落して間もない二〇一五年秋であった。一一月六日、地下鉄銀座線・虎ノ門駅に程近い笹川平和財団ビル一一階の国際会議場。公益財団法人笹川平和財団が主宰するシンポジウム「日露間におけるエネルギー協力に関する国際会議」が開催された。

このシンポジウムでは、参加者の熱い視線が、ロシアから参加した一人の男に注がれていた。この会議の主役とも言うべきイーゴリ・セーチン(セチンとも表記)だった。

セーチンは、国営石油会社ロスネフチのトップとして、ロシア政治経済の屋台骨を支えるエネルギー業界の大立者。産業界を牛耳る一方で、クレムリンの中枢権力に直結、盟友のロシア大統領ウラジーミル・プーチンとは一心同体、側近中の側近だ。また、国有会社の経営を通じて国家資本主義を実践する「シロビキ(シロヴィキとも表記。治安・国防・情報機関の出身者)」の代表的な人物でもある。

このセーチンが、エネルギー業界に参入し、プーチン政権下で実力者にのし上がったきっかけは、ユコス事件（ロシア石油大手ユコスを舞台にした政争絡みの事件）であった。

事件の背景には、シロビキを基盤とするプーチン政権とユコスの創業者ホドルコフスキーら新興財閥（オリガルヒ）との政治的対立や石油をめぐる利権争いがあった。ユコス社は利権拡大の過程で執拗な捜査を受け、ついには巨額の脱税の罪で解体に追い込まれ、同社の主要資産は競売を通じて国営ロスネフチに移った。一連の過程において、プーチンの裏人脈が駆り出され、セーチンが統率する形でシロビキが暗躍。セーチンは二〇〇四年七月にロスネフチの実権を握ると、役員に旧KGB出身者を次々と登用した。

†セーチンのロジック

日露（ソ）領土交渉史を振り返る時に気づくのは、国家主権を支える「外交の正義・倫理・法原理」がしばしば軽視され、エネルギー・ビジネスが外交に密接に絡んでくること、しかも、それが往々にして国家の根幹を揺さぶる変動要因になる点だ。そうした外交を、人的ファクターに置き換えるならば、外交の場が、エネルギー・マフィアの暗躍する舞台と化してしまう可能性が大きくなる。

笹川平和財団主宰のシンポジウムでは、セーチンが「日露エネルギー協力の将来」と題して基調講演を行った。この中でセーチンは一九九〇年代以降、日露両国が探っているロシアから北海道への電力供給策「サハリン――北海道間のエネルギーブリッジ・プロジェクト」を念頭に日本の投資を促し、次いで、北極圏及びシベリア開発に日本を誘い込むようなキーワードを並べ立てた。「両国の長期性と予見の可能性の原則に基づいて、今後も仕事を行っていく。（それは）信頼と善隣友好関係の原則であり、政治的な方針よりも経済の合理性が重要だと考える原則だ」

その上でセーチンは、「政治的方針よりも経済の合理性が重要だ」、すなわち日露友好善隣関係の原則は政治問題よりも経済優先にあると言い切った。このメッセージを率直に受け止め、半年後に始動したのが安倍対露外交の「新しいアプローチ」だった。最後に、セーチンは付け加えた。「日本に「蒔かぬ種は生えぬ」という諺がある。将来大きな経済的結果をえるためには、共同プロジェクトの仕事を今すぐに始めなければならない」（笹川平和財団サイト）

「蒔かぬ種は生えぬ」「共同プロジェクトを今すぐ始めよう」は、「過去の幻想や概念を捨てよ」と断じた大前研一（起業家）の著書からの引用だが、このセーチンの締めくくりのメッセージは、二〇一六年に展開される日露領土交渉を暗示していた。

†「新しいアプローチ」路線の基点

大統領プーチンの側近セーチンの日本訪問には、上記のシンポジウムとは別に、秘匿された重要な出来事があった。セーチンの訪日を、日露関係進展の好機と捉えたのは、安倍側近の今井《いまい》尚哉《たかや》（総理大臣首席秘書官、経産省出身）だった。

今井は、長谷川榮一（首相補佐官）と共に、安倍を中枢で支えた旧通産省（現経産省）出身の「官邸官僚」で、第一次安倍政権（二〇〇六年九月～〇七年九月）では首相秘書官として仕えた。安倍が体調不良のため、一年で退陣したのに伴い経産省に戻ったが、一二年一二月、安倍が首相に返り咲くと、請われて政務担当の総理大臣首席秘書官に抜擢されたのである。その今井が秘かに温めていたミッションがある。

シンポジウム当日の夕方、吊り上がった眉と人を射るような鋭い眼光の男が首相官邸の中に消えて行った。この時、他の数人に交じって官邸に足を踏み入れたこの男を気に留める者はほとんどいなかったが、内情に詳しい複数の関係筋によると、実はその時、他の数人を別室で待たせる間、首相・安倍を表敬訪問したのが、セーチンだった。面会相手は元々、今井秘書官となっており、安倍・セーチンの接触がマスメディアに向けて公表されることはなかった。

今井のミッション、すなわち安倍・セーチン出会いの演出は、その後の安倍対露外交を見る上で重要な意味合いを持つ節目の動きとなった。それは、日露関係の新たな筋書き形成の端緒を意味し、戦後、外務省「ロシア・スクール」が中心となって築いてきた対露（ソ）外交ルートとは別に、新たなチャンネルが設定される布石が打たれたのである。

セーチンは早くから安倍政権の動向を注視していた。現に第二次安倍政権になって間もない二〇一三年の二月と五月、日本を訪問している。また、首相・安倍が一三年四月に訪露した際には、安倍・プーチンの日露首脳会談に民間代表のエネルギー業界トップとして同席した。そして、続く一四年は、安倍対露外交にとって、セーチン絡みという点でも、またロシアをめぐる「大情況」の変化という観点からも重要な年になった。

それを理解するには、まず、一四年二月、プーチンが国家の威信を懸けて開催したソチ冬季五輪（二月七日〜二三日）に注目しなければならない。

多くの欧米諸国首脳がロシアの人権問題に反発して開会式への出席を見送る中で、安倍はあえて出席する道を選んだ。この動きに、プーチンが強い関心を示したのは間違いあるまい。安倍からすれば、独自の対露外交への布石を打ったものだが、オバマ米政権は、安倍のソチ冬季五輪開会式への出席を不快に思って見ていた。その後、ソチ冬季パラリンピックの開会式（三月七日）を間近に控え、隣国ウクライナの情勢がロシアによる軍事介入の可能性をめぐって緊迫の度を加えた。

ソチ五輪閉会式から一カ月足らず。ユーラシア大陸・黒海に突き出たクリミア半島で世界を揺るがす国際的事件が発生する。三月一六日の住民投票の結果、ウクライナの領地と国際的には見なされてきたクリミアのロシア編入に、九〇％以上の賛成を獲得したとして、その二日後、ロシアとクリミア自治共和国、セバストポリ特別市の条約調印が行われた。ロシアはクリミアをロシア領に編入した。

ロシアの一方的現状変更に強く反発した米欧が対露制裁に踏み切る中、プーチンが目を付けたのが、G7の中でも強硬一辺倒に走らなかった安倍の動きだった。安倍は首相就任時から、対米追随と見られる対応を避けようとしてきた。その一つの表われが、ソチ五輪開会式への出席であり、三月一九日の「第六回日露投資フォーラム」での日本政府の対応――米国務省の横やりが入ったにもかかわらず開催したこと――だった。

四月に予定されていた外相・岸田文雄の訪露は中止を余儀なくされ、安倍が目指していた大統領プーチンの「年内（一四年）訪日」も遠のき、ウクライナ危機・クリミア併合に対するG7による経済制裁に加わったものの、日本は米欧陣営の後衛にポジション取りをした。腰を引きつつ半歩遅れで「実害のない」（外務省筋）制裁措置に踏み切る。形式的な制裁によってロシアの反発をかわす一方で、米国からの逆風を凌《しの》いだのである。

だが、父・晋太郎が取り組んだ北方領土問題は進展の兆しすらない。外務省の対露外交にかねて疑問を抱いていた安倍は、米国の反応を意識しつつも、プーチンとの間合いを詰めようとしていた。

†エネルギー・ファクター

二〇一四年八月、欧米主要国は新たな制裁措置を発動。欧米ーロシア間の緊張状態が持続する中で、ロシアの方も強気一辺倒の外交を推進できなくなった。

プーチンは、対露制裁網の脆弱な部分に風穴を開けようと動き始めた。九月二一日、安倍六〇歳の誕生日に、なんとプーチンから祝福の電話がかかってきた。対する安倍も、一〇月七日、プーチン六二歳の誕生日を電話で祝福した。

クリミア編入に反発したG7の対露制裁は、ロシア財政を支える主要な柱「ロスネフチ」の経営にも深刻な影響をもたらし始めていた。また、ロシア経済の命運を左右するエネルギー産業に逆風が吹く。「原油価格」(WTI先物価格)は、一〇月ごろから下落ペースが加速した。一二月には一時一バレル五〇米ドル台前半をつけるなど、喧噪《けんそう》のうちに年明けを迎えた。

セーチン率いるロスネフチは、オイル・メジャーとのロシア大陸棚やシェール層開発に重きを置いた戦略の見直しを迫られていた。投資の「欧州依存」や掘削・LNG技術の「欧米依存」の弱点を露呈したロシアは「東方シフト」を本格化させ、ウラジオストクを「アジア・太平洋への窓」と位置づけ、極東・北極圏における新たな拠点として軸足を置く。セーチンは、日本が原油を購入するよう一段と強く働きかけるようになった。

こうした中で、財政的に苦境に立たされたロシア政府は、財政赤字補塡《ほてん》のため、ロスネフチの民営化を検討、一九・五％の国家保有株を売却する方針を打ち出した。これに強い関心を示したのは、英国の石油メジャーのブリティッシュ・ペトロリアム（BP）ばかりではない。かねてロシアのエネルギー資源をめぐる極東の動きに関心を抱く今井尚哉も、安倍対露外交に絡めるように、ロスネフチの動向に注目した。

†「エネルギー・マン」の関与

今井尚哉は、経産省の外局・資源エネルギー庁次長を務めるなど「エネルギー・マン」を自称、石油・天然ガス、原子力など資源・エネルギー分野の知見に強い自負を持っていた。

今井の発想と自信は、自身歩んできた旧通産省官僚としての知見に支えられていた。同じ対外政策官庁として、しばしば省益でぶつかるライバル官庁の外務省に対する今井の

「戦闘意欲」は凄まじい。安倍外交の実権を握ろうとしてロシアに入れ込んだ。のめり込みの度合いは日を追って強まった。「硬直化した外務省に任せていても島の問題は何も進まない」という思い込みと、資源エネルギー庁幹部経験者として、資源政策に精通しているとの自負心――それら二つがない交ぜになった感覚が今井を突き動かした。

すなわち、二〇一六年、首相・安倍が対露外交のスローガンに掲げた「新しいアプローチ」路線、その源流には、今井の場合は、外務省に対する反感と「エネルギー・マン」としてのプライドがあった。そして、それに火を付けたのが、前述したセーチンとの出会いであった。

「新しいアプローチ」とは、北方領土問題の議論を二の次に、まずは経済・エネルギー分野での日露協力を最優先させ、日露間にソフトな雰囲気を醸成する。その上で、北方領土問題に関してロシア側の柔軟な対応を引き出す、というものだ。そして、より重要だったのは遅々として進まぬ対露外交の元凶は外務省、特にロシア・スクールにあり、という見方になるのだが、経産省出身官僚のこのアプローチは、「日ソ共同宣言」(一九五六年)合意後の領土交渉史の中で見ると、中曽根康弘や小沢一郎が政治家主導で深く関与した一時期を除いて、外務省主導で行われてきたそれまでの対露外交を事実上否定する手法であった。

第二節 「新しいアプローチ」形成の軌跡

†谷内主導「原田政府代表」就任の経緯

安倍政権の対露外交は、二〇一六年を分岐点に変質した。安倍最側近の今井は、軍事力と並んでロシアの国力の源泉である石油エネルギー資源に重きを置いた対露外交を主導しようとした。今井としては、「領土」を最優先する外務省から主導権を奪い取り、「伝統的アプローチ」路線を骨抜きにしなければならなかった。

事の起こりは、外務省ロシア・スクールの切り札と見なされていた原田親仁（前駐ロシア大使）が日露関係担当政府代表兼特命全権大使に起用された時だった。日露関係担当政府代表ポストの新設と原田の起用は、北方領土問題の進展に強い思いを持つ首相・安倍晋三からの信頼が厚い谷内正太郎（国家安全保障局長）の発案であった。谷内の考えに外務省の齋木《さいき》昭隆《あきたか》（事務次官）も同意、安倍の内諾を得て実現に漕ぎつけたものだった。

原田の就任の経緯は次のようなものだった。二〇一五年一二月二二日、駐ロシア特命全権大使の任務を終えて帰国した原田は、首相官邸で、齋木と共に安倍に会い、帰任報告を行った。その一カ月後、政府は、日露関係担当政府代表・原田親仁任命を閣議決定（一六年一月二二日）した。その際、外相・岸田文雄は記者団に語った。「領土問題をはじめ日露関係は最優先の外交課題です。関係前進のため尽力してほしい」。同日午後、北方領土問題の解決に意欲を示す安倍が早速動いた。露大統領プーチンとの電話会談が行われた。安倍は、日露関係担当政府代表のポストを新設し、直近まで駐ロシア大使を務めていた原田を任命したと伝えた。プーチンは歓迎した。

会談では、また安倍が、プーチンから前年一一月に提案されていたロシアの地方都市への訪問を「しかるべき時期」に実現させる意向を表明した。さらに、二月には首脳会談の準備のため、日露次官級協議を東京で開くこともあわせて確認した。これを受けて、外務省は四月下旬からの大型連休中に、安倍の欧州歴訪と訪露に向けて具体的な準備を加速させた。すべてが、谷内のシナリオ通りだった。

ロシア側は、日本政府の外交姿勢を歓迎する意向を示した。ロシア政府系メディア傘下にある通信社「スプートニク」も、原田の日露関係担当政府代表起用に注目し、「なぜ日本はロシアを重視するのか」と題する単独インタビュー記事を配信した。

スプートニクは、原田が外務省欧州局長などを経て二〇一一年から長きにわたり駐ロシア大使を務め、「日露関係全般の発展に尽力してきた」とし、「今後の日露関係の鍵を握る」人物として紹介するなど好意的に報じた（二〇一六年二月二七日スプートニク配信）。

†安倍外交の先導役

安倍政権の対ロシア外交は、原田の起用により、谷内を中心として首相を支える体制が整備されたかに見えた。だが、安倍の五月訪露が固まりつつある頃には、来るべき〈二〇一六年の変〉に密接に絡む二人のプレーヤーが連携、陰に陽に安倍対露外交に影響を及ぼして行く。

その一人が、安倍の首席秘書官・今井尚哉だった。今井は、「原田日露関係担当政府代表」人事を「自分は知らされていなかった」と外務次官・斎木にクレームをつけ、不満を顕わにした。前年、難産の末に集団的自衛権の一部行使を可能にする安保法制整備関連法が国会で成立（一五年九月）、安倍政権として一定の成果を挙げたことから、「安倍官邸外交」の次なる目標として北方領土問題に照準を合わせつつあったためだ。今井は、エネルギー人脈を伝手《つて》に、対露外交を組み立てようと考え始めていた。プーチンの側近中の側近と言われるセーチンの安倍への極秘の表敬訪問計画（同年一一月）は、その布石とも言えた。

今井は、日米同盟の強化や新安保法制の整備など、谷内を柱に展開した首脳外交前期を除き、外交も含め政策全般にわたって強い影響力を及ぼし始めた。特に、対露外交では、一六年を境に、安倍の威光を背景に主導権を握るようになる。その結果、谷内を中心にした体制で実績を積み上げて来た安倍戦略外交の総体が、これを機に変化して行く。特に今井は、安倍昭恵夫人絡みの難題——特に一七年に表面化した森友学園問題が安倍政権を痛撃すると、体を張って安倍夫妻を守り抜き、安倍との間には誰も入り込む余地のない濃密な関係を構築した。これに伴い、対露外交ばかりでなく、対中関係も含めて今井が先導役となって、安倍首脳外交が変質して行ったのである。

前述したように経産官僚時代から〈外務省外交〉に反感を持っていた今井からすれば、「外務省に任せていても何も進まない」との思いがあった。政治との接点が重要な高級官僚の世界では、その種の思い込みが過剰になり始めると、功を焦って必要以上に前のめりにもなる。今井の場合、古巣時代からの外務省への対抗意識も加わって、まず外務省ロシア・スクール外しを試みるようになる。

†絡む内政、絡む宗男

今井が強い関心を持ち始めた対露外交には、思わぬもう一人のプレーヤーが絡んでくる。北海道・根室支庁地域を選挙地盤にし、北方領土問題を自身の「ライフワーク」と公言する鈴木宗男（新党大地代表、元北海道開発庁長官）だ。経産官僚時代から外務省の外交に批判的だった今井と鈴木の出会いは、反外務省的音叉《おんさ》が共鳴するきっかけとなった。

その今井と外務省との不協和音が際立ち始めたのが、一五年暮れから翌一六年の新年にかけてであった。その頃はちょうど、北海道五区補選（翌一六年四月二四日投開票）に向けて自民党候補の苦戦が伝えられ始めていた時だった。同時にそれは、鈴木が首相官邸に頻繁に出入りするようになる好機ともなった。

一二月二八日午後、安倍は新党大地代表・鈴木と首相官邸で会談した。その直前、従軍慰安婦問題が決着に向けて最終合意する見通しとなったことを報告に来た谷内及び齋木と入れ替わるように、鈴木は今井に導かれて首相執務室に招き入れられたのだ。原田が齋木と共に、安倍と会ってから六日後のことだった。

テーマは、衆院北海道五区補選への対応だ。安倍にとって出身派閥「清和会（清和政策研究会）」の先輩、町村信孝（前衆院議長、元外相、旧通産省資源エネルギー庁石油部石油企画官）の死去に伴う弔い合戦となる、絶対に落とせない、面子《メンツ》のかかった補欠選挙だった。同補選には、町村の娘婿・和田義明の擁立が決まっており、安倍としては、鈴木の呼びかけに応じて、新党大地の選挙協力にも期待した。

あと四日で新年を迎えようとする年の瀬に行われたこの安倍・鈴木会談を機に、新党大地による選挙協力の実現に向けて弾みがつく。それは、衆院北海道五区補欠選挙での協力ばかりでない。安倍新政権の大きなハードルとなる七月の参院選での自民・新党大地の選挙協力につながっていくものであった。

鈴木は翌日、連載ブログ「ムネオ日記」に次のような一文を載せている。

「外交は積み重ねである。先人の尊い努力を振り返りながら、今日《こんにち》あることを肝に銘じて国益の観点から更なる進化を遂げてほしいものである。

昨日、総理官邸で安倍総理と45分間お会いしたが、安倍晋太郎先生時代からの人間関係の妙に巡り合せを感じたものである」(二五年一二月二九日)

会談の本題は、国内選挙問題だったとはいえ、外交を引き合いにしたこの日の日記には、鈴木の関心が、安倍外交の今後にも強くあった点が暗示的に述べられている。

一六年二月二四日、鈴木は首相官邸で安倍と改めて会談し、四月の北海道五区補選ばかりでなく、七月の参院選挙においても全面的に自民党候補を支援していく方針を伝えた。ここでは、会談の主目的が選挙協力問題だったとはいえ、ムネオ日記からは、日露関係に関する突っ込んだ意見交換が行われた雰囲気が伝わってくる。

「12月28日45分間、今日30分間、安倍総理と向き合って感じるのは極めて元気で意気軒高で、何よりも決意を持って職責を果たしていることが伝わってくる。日露関係についても党内事情についてもしっかり頭づくり、さまざまな情報が頭に入っている。相当な決意と覚悟を持っていることを感じ、頼もしい限りであった」（一六年二月二四日）

その三日後、鈴木の愛娘・貴子（衆院議員、北海道比例代表）は、民主党本部に出向き、枝野幸男（幹事長）に離党届を提出した。これに対して民主党は鈴木貴子を除籍処分にしたが、九月、貴子は父・宗男の狙い通り自民党会派入りを果たす。

自民党内には当時、「新党大地の支援がどれほどのものか？」と選挙協力の効果を疑問視する向きもあった。が、結果は、四月の北海道五区補選は、新党大地の支援も受けた和田が勝利した。新党大地の貢献度が実際どれだけあったか、正確に数字でははじき出せない。とはいえ、ひ弱な世襲議員やエリート政治家が目立つ昨今の永田町にあって、時に強引な手法を駆使して国会議員まで駆け上って来た、たたき上げの行動派・鈴木宗男の手を、安倍が借りた事実は変わらない。今では「絶滅危惧種」に入る、この政治家は人並外れた小まめな対人関係づくりと気配り、情報収集を武器に、マスコミを含めて永田町／霞が関の〝住人〟たちを惹きつけるのがうまい。「行儀は悪いが、敵に回したら怖い、パワーのある政治家」だ。五五年体制下の浜田幸一、松田九郎と同じ系譜に入る。

†のめり込む安倍

安倍にとって鈴木との関係は、この補選前には実質的には深くなかった。理由は、まずもって派閥を含めて元々住む世界が違っていた点。それまで、毛並みの良い政治家の代表格である安倍は、永田町で政治家のカバン持ちから叩き上げた鈴木とは縁遠い存在だった。個人的に接点を見いだす必要性はなかったのだ。

加えて、安倍のかつての政治的盟友、五六歳で急逝した故中川昭一（元財務相）との関係が絡んでいた。鈴木は昭一の実父・中川一郎（元農水相）の秘書だったが、一郎が急死すると、自ら出馬し、後継の昭一と一戦を交えた。以後、中川家と鈴木の間には、積年の怨念が増幅した。安倍が中川と鈴木の因縁を意識するのは当然だった。

しかし、中川昭一が急死してから六年余。中川との盟友関係を語る人は、安倍周辺にも少なくなった。そして、安倍自身、第一次政権での悲惨な退陣劇の後、生き馬の目を抜くような政界地獄を経験した末に、総理大臣の座を奪還、精神的タフさを身につけていた。それだけに、四月の衆院補選、七月の参院選での至上命題となる勝利に向けて、一票でも二票でも多く――。必勝のためには、背に腹はかえられぬ。父・晋太郎が身命を賭して取り組んだ北方領土問題の一件もある、それには鈴木を敵に回さない方が得策と、安倍が判断したとしても不思議ではない。

安倍の人脈づくりには、血脈は別格として、仕事での力量で認められたごく少数の者を除き、自身にひたすら従順な者を殊のほか重用、官僚ならポストで報いる、また、「敵に回したら煩《うるさ》い人物」については、一定の距離感を持って取り込むという特徴があった。それらの点に関わる安倍の心理を巧みに捉えてか、鈴木は、一九一五年暮れ以後、二回にわたる安倍との会談を通じて、安倍との距離感をグッと縮めたのだ。

安倍の政権奪還後で言えば、首相・安倍が鈴木と公の場で顔を合わせたのは、二〇一三年二月二八日、来日したビクトル・イシャエフ（発展担当相）の表敬訪問を受けた際の一回のみ。しかも、その時、鈴木は森喜朗（元首相）に同道してきただけだ。場所も自民党総裁室だった（イシャエフは、前年七月、国後島を訪問した首相ドミトリー・メドベージェフに同行した人物だが、半年後に解任され、二〇一九年、ロスネフチ副社長時代に詐欺などの容疑で逮捕された）。

鈴木が安倍官邸の首相執務室に足を踏み入れたのは一五年一二月二八日が初めてだった。首相へのアクセス権を保持する今井が許可したのだ。以後、鈴木はコンスタントに毎月ほぼ一回以上、首相官邸執務室に出入りを許される政治家となった。

鈴木が安倍との距離を縮めたのは、北海道五区補選での選挙協力がきっかけだったが、以後、安倍への接近度は、首相動静の面会記録を通して、浮かび上がって来る。第二次安倍政権誕生後、鈴木宗男の面会は、安倍退陣直前まで五三回に及んだ。首相動静を振り返ってみると、対露外交が主要政策となった一六年以降、面会数は急増。一三年一回、一四年〇回、一五年は一回だったが、それ以後、一六年一〇回、一七年九回、一八年一三回、一九年一二回、二〇年の七回となる。鈴木は、北方領土（歯舞・色丹・国後・択捉の四島）を所管する根室支庁を選挙地盤としているが、この年（一六年）、安倍との関係構築によって、対露外交の陣容に影響を与え得る重要な役回りを演じることになる。

その一つが、リーダーシップとフォロワーシップの相互連動で動く外交の構造を激変させる役回りだ。すなわち、安倍対露外交が本格化した一六年、原田に代表される外務省ロシア・スクールを無力化し、さらには、傍目《はため》には外務省中心の体制を装いながら、安倍官邸の経産省出身官僚（今井、長谷川）が対露外交の主導権を握るのを、鈴木は側面支援したと言える。これは、一九九〇年代末から二〇〇〇年代初頭にかけて、日露関係の外交路線をめぐって鈴木と真っ向から対立した外務省ロシア・スクールのひとり、原田を目の敵にする鈴木を味方に引き入れた今井の狙い通りの展開となったことを意味した。

後述するロシア南西部・ソチでの日露首脳会談から一カ月余が経過した六月一四日には、「原田政府代表」構想を実現させた外務事務次官・齋木が退任、後任には今井と良好な関係を構築した外務審議官・杉山晋輔《すぎやましんすけ》（後に駐米大使）が昇格した。安倍対露外交の陣容は、ここにきて構造的変質を遂げたのである。

†谷内の「対露大戦略」

一方、安倍が第一次政権の時から外交・安保政策において絶大なる信頼を置いていた谷内の考え方はどうだったのだろうか。

谷内は外交のプロとして、二一世紀に入って国際政治が激変する中での安倍戦略外交（拙著『日本の戦略外交』）の全面展開を考えていた。安倍政権前期の谷内は、日米同盟関係を瑕疵《かし》なき強固な基盤とするため、安倍戦略外交の構図を描き、二〇一六年の「日米和解」（オバマ大統領の広島訪問、安倍首相の真珠湾訪問）を経て、安保法制の整備に全力を傾けた。安保法制の整備では、栗山、小和田に続く「リーガル・マインド型」外交官の小松一郎を内閣法制局長官に送り込む構想の実現に動くなど、安倍戦略外交の基盤づくりに貢献した。

安保法制が整備された後、谷内は次なる戦略展開として、対中外交をより優位に運ぶための対露外交に照準を当てた。二一世紀における日本外交にとっての最重要の課題は、隣の巨大国家たる中国とどのような関係を構築するかだが、谷内はこの観点から、もっとロシアとの距離を縮めておく必要があると、日頃から考えていた。それは、日露間に刺さったトゲである北方領土問題について、どう進展させるかにかかっていた。谷内が構想する安倍戦略外交の中心にあったのは、アジアにおいてもパワーシフトが進行しつつある今こそ、北方領土問題で大胆な決着を図って、対外戦略のオプションを広げておくべきだという視点だった。

その点、国家安全保障局長就任前に語った谷内（内閣官房参与）の次のような考え方が、安倍対露外交の根底にあった。

「日本側はプーチン大統領在任中に問題を片付けるという決意を持って交渉に臨むべきだと思います。また、プーチン大統領が「引き分け」と言っているときに、「引き分けなんて飲めない」と言うのではなくて、どういう形であれば引き分けになり得るのかを考えるべきです。両国民全員が賛成することはあり得ないので、マジョリティーが納得し得るなら、それが引き分けでしょう。そのためには、領土問題以外のエネルギー、環境などいろいろな形の協力や、大きな戦略的な構図が必要。そういうものができてくれば全体として引き分けだなとなる。どちらも大勝ではない構図を作っていくということじゃないかと思いますね」（一三年七月九日、nippon.com 配信）

谷内の考えは、「四島一括返還」の方針を墨守《ぼくしゅ》する伝統的ロシア・スクールとは、完全に一線を画していた。〇一年の九・一一米同時多発テロ以後、世界が地殻変動を起こしつつある中で、日本が「一等国」としての地位を失わずにどのように生き延びていくか、その点にこそ、外交リアリスト・谷内の関心があった。

たとえば、冷戦終結後の「戦略的猶予期間」（一九九〇年代）が終わり、既に、WTO（世界貿易機関）加盟（二〇〇一年）を認められた中国は、GDP（国内総生産）で日本を凌いで世界第二位に躍進する（一一年）など経済力で世界に冠たる大国になるとともに、経済発展に伴って軍事費を激増させるなど、今や日本にとって最大の中長期的外交課題は、中国とどう向き合っていくかに変わった。

†「谷内構想」を素通りした安倍

対中国外交よりも専門性を要する対露外交に当たっては、タフな議論の応酬が不可欠のロシア側との実務レベルの折衝に当たって一歩も引かぬ、ロシア・スクールの知見が不可欠と考えた。そこで、有効な戦略展開を実行に移すための外交上の重要なピースが、入省以来、対露関係の知見を蓄積してきたロシア・スクールの原田親仁だった。原田は、ロシア課長、欧州局長、駐露大使を歴任、豊富な対露経験を有していた。

谷内の頭の中には、一九五五年から五六年にかけて行われた日ソ国交正常化交渉のやり方が刻まれていた。具体的には、鳩山一郎（首相）が外交経験のある松本俊一（元駐英大使、衆院議員）を対ソ交渉の全権に起用、ソ連全権のマリクとの交渉に当たらせたのと同様の方式だ。これは、谷内が以前から考えていたもので、専任的に交渉するポストとして「日露関係担当政府代表」を新設するのが最適と考え、首相・安倍の了承を得たのだった。

加えて、もう一点、それは対露外交の自身の経験を踏まえた発想であった。谷内は、外務事務次官時代、「喫緊の国際問題や重要な二国間問題について大所高所から議論する枠組み」として創設された日露戦略対話を初めて開き、デニソフ（第一外務次官）との間で、北方領土問題も含め日露関係全般にわたる課題を協議した経験があった。このため、谷内は安倍内閣の国家安全保障局長に就任すると、カウンターパートのパトルシェフ（安全保障会議書記）との率直な戦略的論議を期待したのだ。

谷内は、二〇一四年、三回（三月、五月、七月）にわたってモスクワを訪問して、パトルシェフと会談し、極東情勢を踏まえた北方領土問題を中心とした二国間関係をテーマに取り上げようとした。しかし、パトルシェフは「大統領からそのような指示はない」として、領土問題という敏感な問題の議論を避け続け、「日露両国の安全保障政策全般の話、極東における地域情勢にとどまり、領土問題が取り上げられることはなかった」（日露関係筋）。

「外交にどちらかが大勝する構図はあり得ない」と見る谷内は、北方領土問題が先行する決着も、経済協力が先行する決着もあり得ず、首脳同士の包括的政治決着でしか、領土問題という難題を決着させることは出来ないと考えていた。その観点に立てば、プーチンが言う「どういう形になれば引き分けになるのか」を考えて今後の日露関係のあるべき大きな絵の中で描けば、政治決着はあり得る。とすれば、「四島返還」の決着が難しくなった今、状況によっては大胆に妥協を図るべきだというわけである。

超大国／巨大国家／軍事強国が跋扈《ばっこ》する国際環境、とりわけ、右肩上がりの経済成長と軍事力増強を進める中国を念頭に置けば、日本外交が戦略的幅を広げておくには、安倍-プーチン時代のこのタイミングをおいて他にない。日米同盟を前提としながら、ロシアとの間合いを詰め、中国と向き合う外交オプションを蓄積しておく必要がある。これが、谷内の判断だった。

かつて、谷内は自身の基本認識を次のように述べたことがある。

「サンフランシスコ講和条約によって千島列島（ウルップ以北の島々）は、敗戦の結果として甘受せざるをえなかったもので、これを今さら争うことはできない。このような条約は一般に処分的条約（dispositive treaty）と言われ、事後にその内容を争うことは、国際秩序の平和と安定に大きな脅威を与えることになるので、許されざるものとされているのだ。したがって、北方領土問題の解決は、日露両国民がこれならやむをえないという一応の納得がいく解決策を、現実的に探究する作業といえる」（『外交の戦略と志——前外務事務

次官　谷内正太郎は語る』高橋昌之〔聞き書き〕）

対露外交とは、今井－長谷川のような単純な二国間関係をベースに硬直化した外交を展開するのではなく、長期的にかつ国際的動向に視野を広げた大きな絵の中でしなやかさを秘めつつ戦略的外交を進めるというのが、一貫して抱き続けてきた谷内の真意だった。ところが、首相・安倍は、谷内の思いを素通りするように、長期的展望を欠いた今井先導型の対露外交に安易に軸足を乗せて、前のめりになって進んで行った。

†「新しいアプローチ」を提起

二〇一六年五月六日、安倍はロシア南西部のソチを非公式訪問し、大統領プーチンとの会談に臨んだ。会談のポイントは二点。

第一に、領土問題について「双方に受け入れ可能な解決策の作成に向け、今までの発想にとらわれない「新しいアプローチ」で、平和条約締結交渉を進めることで合意した点。第二に、ロシアの東方シフト（極東地域・北極圏開発／ロシア経済の近代化）に呼応するように、安倍が経済協力八項目を提案すると、プーチンは「すばらしい」と絶賛、その上で、プーチンは「実行することが必要だ」と促した点だ。

安倍が提示したのは、⑴医療、⑵都市環境整備、⑶中小企業、⑷エネルギー、⑸ロシアの産業多様化・生産性向上支援、(6)極東の産業振興・輸出基地化、(7)原子力・ITなど先端技術協力、(8)人的交流の拡大――の八項目にわたるプラン。安倍側近政治家の内閣官房副長官・世《せ》耕《こう》弘成《ひろしげ》と、今井と同じ「旧通産省官僚」の長谷川榮一（内閣広報官）が中心になってまとめ、プーチン説明用に世耕が視覚に訴える資料に仕立て上げたものだった。「これは分かり易い。この資料を作ったのは誰か」。ブリーフを介添えした世耕の目には、日本の八項目プランに好意的に反応したプーチンの姿が焼き付いた。

首脳会談は夕食会を含めて三時間一〇分にわたり行われた。このうち三五分間は、通訳のみが同席した首脳二人きりでのテタテ会談だった。

安倍一行に対するロシアの歓迎ぶりは、「破格」と言ってよかった。その背景には、一四年、ソチ冬季五輪開会式への首相・安倍の出席とロシアのクリミア編入（三月一八日）の際、厳しい対露制裁に踏み切った米欧の包囲網には直線的に加わらず、最も弱い形の「制裁措置」で日本が対応した経緯があった。このため、孤立感を深めるロシア・プーチン政権は独自のニュアンスを含んだ安倍外交に熱い視線を送ったのである。それは、どこまで、米国と距離を置いて独自の外交を展開できるかを見極めようとする目でもあった。その眼差しを安倍も十分感じ取っていた。そして、そこにはある種の期待感を寄せつつ、さらに日本を一歩引き込もうとする意図が如実に感じられた。

ソチでの会談当日のロシア各紙の報道ぶりに、安倍訪露へのロシア側の期待感が映し出された。

ロシア側は、首相・安倍の出席が決定している九月の東方経済フォーラム、その際に開かれる日露首脳会談に向けて、領土問題とは切り離す形で、経済協力の準備を進めた。ロシア要人の訪日ラッシュが、安倍対露外交の「新しいアプローチ」を一気に盛り上げ、外務省が積み上げて来た領土交渉とは別の流れがつくられた。五月にトルトネフ（副首相兼極東連邦管区大統領全権代表）、六月にナルイシキン（下院議長）、七月にアレクセイ・ウリュカエフ（経済発展相）が「新しいアプローチ」を念頭に、月替わりで来日した。〈領土〉は、〈経済〉の陰に完全に隠れた形となった。

こうした対露外交の流れを加速させたい安倍は、「新しいアプローチ」をめぐる解釈の隔たりを乗り越えるために、人事面での補強を考える。八月三日の内閣改造（第三次安倍再改造内閣）で、「経済協力八項目」推進の要となる経済産業相に世耕を起用した。「参議院自由民主党・日露議員懇話会」会長を務める世耕は、内閣官房副長官として安倍に仕え、対露外交に関与してきたが、その世耕に一カ月足らずでもう一つの肩書きが加わる。ウラジオストクでの日露首脳会談を翌日に控えた九月一日、安倍はロシア経済分野協力担当相を新設、世耕（経済産業相）に兼務させることを決めたのだ。この人事は、停滞する北方領土交渉を切り離すように、対露経済協力を先行させる姿勢を内外に鮮明にし、安倍外交の構造的変容を整える狙いがあった。

対露経済協力八項目プランには、石油・ガスなどの「エネルギー開発」、原子力を中心とする「先端技術協力」が含まれ、経産省所管のテーマが大半を占めていた。この一件を取っただけでも、官邸外交の軸足が、従来の外務省から経産省に移ったことを意味していた。日露関係担当政府代表・原田親仁を外務省が支えて、実務レベルで交渉するという当初の枠組みは事実上形骸化し、安倍対露外交は大きく変質した。

前年九月の国連総会出席の際の会談で、約一〇分間しか割かなかった二人だけのテタテ会談に対して、「新しいアプローチ」を提起した五月のソチ会談では、三五分間が割かれた。八項目プランに対するロシア側の期待度をも含めた安倍への評価が既にそこに見て取れる、と今井らは解釈していた。

帰国後、ソチ訪問で勢いを得た安倍は周辺に語っていたものだ。「これまでの停滞を打破できる手応えを感じ取れた」。プーチン肝煎りの「第二回東方経済フォーラム」への出席を約束した安倍は〈実りの秋〉となるはずの、次のステージに早くも視線を向けた。二〇一六年、対露外交の表舞台の焦点は、九月のウラジオストクへと移って行った。

第三節　二〇一六年の変

†高揚する安倍「道筋が見えてきた」

二〇一六年九月、首相・安倍晋三は露大統領プーチンの招きで初めてウラジオストクを訪問した。「新しいアプローチ」外交の始まりだった。この時の日露首脳会談（第一次安倍内閣から数えて一四回目）は二日、極東連邦大学で計三時間一〇分にわたって行われた。そのうち、二人だけのテタテ会談に一時間近くが割かれ、安倍周辺はロシア側の力の入れようを感じ取った。

会談終了後、安倍は極東連邦大宿舎で、記者団に対して会談の成果を語った。

「特に平和条約については二人だけでかなり突っ込んだ議論を行うことができた。新しいアプローチに基づく交渉を今後、具体的に進める道筋が見えてきた。その手応えを強く感じ取ることができた会談だった」

また、会談では、一一月に開催されるペルーのＡＰＥＣ（アジア太平洋経済協力会議）の際にも首脳会談を行い、その上で、一二月一五日に山口県長門市に迎えて首脳会談を行うことで合意をした。

首相・安倍は翌三日、前日のプーチン大統領とのテタテ会談と並んで重要な意味を持つスピーチを行った。安倍はスピーチのつかみにウラジオストクの魅力を語った上で、ロシア極東の美しい港町をグッと身近に引き寄せると、本論に入った。

「ウラジオストクに、往年の、真の国際都市としての面目を取り戻させたい（略）プーチン大統領のそんな夢は、私の夢でもあります」。さらに日露経済協力八項目に言及、「プーチン大統領の悩みは、私の悩み。（略）巨大な〝中華帝国〟に隣接する〝ロシア帝国〟最大のウィークポイント、極東地域の人口激減は少子高齢化に苦悩する日本、プーチン大統領、まずあなたと私とで、日本とロシアの最も緊密な協力が生み出す将来の可能性について、強い確信を共有しましょう」

この間、安倍の問いかけと呼びかけ一つひとつに頷いて、熱心に耳を傾けていたプーチンが、次の件で真っ先に拍手を送ると、波打つような響きとなって場内一帯に広がった。

そして、日露平和条約交渉進展への期待感を込め、四回にわたってファーストネームで呼びかけ、スピーチを締めくくった。

「ロシアと日本が、今日に至るまで平和条約を締結していないのは、異常な事態だと言わざるを得ません。（略）ウラジーミル、私たちの世代が、勇気を持って、責任を果たしていこうではありませんか。（略）この七〇年続いた異常な事態に終止符を打ち、次の七〇

年の、日露の新たな時代を、共に切り開いていこうではありませんか」（二〇一六年九月三日　東方経済フォーラム全体会合）

この時、安倍のスピーチは、プーチンの心奥に特別な響きを残したに違いない。

ところが、東方経済フォーラムの安倍スピーチが割れんばかりの拍手を受けてから約二カ月。日露関係は一天にわかに掻き曇る局面を迎える。

†冷ややかなプーチン発言

予兆は、一〇月末に既にあった。

一〇月二七日、ロシア黒海沿岸のリゾート地ソチ。二年半余前、冬季五輪があったこの地で、「ヴァルダイ・ディスカッション・クラブ年次会合」（通称「ヴァルダイ会議」）が開かれ、プーチン大統領が、各国の専門家や関係者からの質疑に応じた。この時、畔蒜泰助《あびるたいすけ》（東京財団研究員）は、安倍とプーチンの首脳としての任期切れ（二〇一八年五月）を念頭に次のように質した。「近い将来、つまり二年から四年の間に日露平和条約を締結し得る環境を整えることが出来ると期待するのは、どれほど現実的でしょうか」。プーチンは次のように答えた。

「私見では、これ（平和条約締結問題）は期限を設けることが不可能であり、それどころか有害でさえあるような、そういうケースだ」「中国との間でさえロシアは四〇年にわたり国境線の問題について交渉を行い、中国との間に前例のない水準の協力が達成された。両国に非常に高度な信頼が生まれた時に初めて、しかるべき合意に調印を行うことを合意できたが、日本との関係は、残念ながら、そのような水準にはなお達していない。（略）いつそれが達成されるか、どうやって達成されるか、そもそも達成されるのか、今、私には答えられない」（一六年一〇月二八日、タス通信）

思いのほか、冷ややかに聞こえるプーチンの発言。九月初旬の日露首脳会談後から一〇月までの間に日本側から発信されたメッセージのすべてが虚ろに響くものとなった。一連の日本政府の発言とメディア報道、それらを完全に遮断する凄みを宿した、プーチンの肉声だった。後に、畔蒜は振り返った。「この発言を聞いて、長門（の首脳会談）で領土問題が進展することはないと感じたね」

†安倍とプーチンの温度差

安倍官邸が、北方領土問題解決に向けて大舞台として設定した一二月の長門会談（山口県）まで、まだ約二カ月あった、にもかかわらず、なぜプーチンが早々にここまで冷や水を浴びせる発言をしたのか。

当時、安倍対露外交をクールに見ていた政府高官が推し測った。それは、ウラジオストクでの首脳会談を機に安倍官邸に高まった期待値——九月、一〇月のマスコミ報道に如実に反映されていたのだが、「とてつもない、彼我の温度差を見たからだろう」（外務省幹部）。

ウラジオストクでのフォーラム後、過熱するマスコミ報道のトーンを導き出したきっかけは、安倍の「道筋が見えてきた」発言であった。その後、首相周辺からメディアへの楽観的な情報が相次いでリークされた。それに、毎月の安倍官邸通いを欠かさないロシア通の鈴木宗男に対する記者の夜回り情報が、楽観的見通しに厚みを加えた。

一〇月三日、安倍は衆院予算委員会で力説した。「四島の帰属問題を解決して平和条約を締結していく考えに変わりはない」

二日後、ロシア側が真っ向から反論した。ザハロワ外務省情報局長「ロシアの立場は一貫しており不変だ。（四島は）第二次大戦の結果、ロシアに帰属しており、ロシアが主権を持つことに疑問の余地はない」「平和条約締結問題の進展に向けた前提条件は、日本が大戦後の領土を含む現実を認めることだ」

しかし、安倍は九月二日の日露首脳会談でプーチンから得た感触の擒《とりこ》になっていた。「しぶとく交渉を続けながら、何とか結果を得ていきたい」「（九月の日露首脳会談でのプーチンから）交渉を具体的に進めていくという道筋が見えてくるような手応えを感じた」。再び「道筋が見える」「手応えを感じる」と、同様のフレーズを使った（一〇月一三日、参院予算委員会）。

一〇月、一一月は、日露双方にとって、一二月の山口県長門市での日露首脳会談をにらんで、有利な状況をつくり出すための幕間《まくあい》となった。日露外交の舞台は、記者会見やリークを交えた情報戦の場と化した。

こうした中、本来なら交渉の中枢にいるはずの政府代表・原田親仁（ロシア・スクール）は、九月の「東方経済フォーラム」を機に日露協議の場から外され、外務省内においても対露関係に関する会議への関与も拒まれるようになる。代わって対露外交に積極的に乗り出すようになったのが、国際法に詳しいアメリカン・スクールの杉山晋輔（外務事務次官）だった。一〇月一三日には、杉山と第一外務次官チトフによる日露戦略対話がモスクワで三時間半にわたって開かれた。谷内次官時代の二〇一三年二月にモスクワで開かれて以来、実に三年八カ月ぶりだった。

そして、一九五六年に鳩山一郎（首相）が訪ソして日ソ共同宣言に調印してから六〇年に当たる一九日、日本では、相前後して「日ソ共同宣言六〇周年フォーラム」が開かれた。この間、日本では、北方領土問題が大きく進展するかのような前のめりの報道が相次いだ。

例えば、九月二三日付読売新聞は「二島返還が最低条件」と報じ、一〇月一七日付日経新聞は一面トップで「北方四島の共同統治を検討」と報じた。これらの報道が、ロシアの態度を硬化させる決定的な要因となった。

北方領土問題をめぐって「新しいアプローチ」の期待値のみが高まる日本メディアの報道に対して、ある政府高官が、ふと、こんな言葉を漏らしたのはこの頃だった。「こんなこと誰が言ってるの？　実態はちっとも動いていないのになあ」

一方、ロシア側では、一〇月一九日、大統領報道官ペスコフが日本メディアの過熱報道に苦言を呈した。「(領土交渉は)難しく、雑音に耐えられない」(タス通信)。特に日本政府が日露両国による北方領土共同統治案の検討に入ったとする一七日付日経新聞の報道については「朝に伝えられ、その日のうちに日本政府が否定している。何もコメントすることはない」と突き放した。

また、大統領訪日の地ならしとして来日した大統領側近の上院議長マトビエンコも、日本メディアの報道に冷や水を浴びせた。「(南クリル諸島＝北方領土の)島々に対するロシアの主権は疑いない」「(領土交渉は現在)まったく行われていない。行われているのは平和条約締結に関する協議だ」「(日露共同経済活動については)ロシア側も用意できているが、それはロシアの主権と法律の枠組みで行うことが前提となる」

プーチンは、安倍の「新しいアプローチ」について、長門会談が近づいた頃、次のように切り捨てている。「これは条件ではない。これは必要な雰囲気作りだ」（日本テレビ・読売新聞とのインタビュー）。すなわち、安倍の「新しいアプローチ」が領土交渉におけるロシアの立場に直接連動して変化をもたらすものではないというわけだ。

第四節　エネルギーカードの誤算

†ロシアの本音は大型プロジェクト投資

実りの秋の到来――多くの日本メディアが、首相周辺の情報を信じて、領土交渉が水面下で動いていると受け止めていた。その結果、今井尚哉らにとっては、自身主導した安倍対露外交の「新しいアプローチ」が成功しつつあると、国内で印象づけることが出来た。

一一月三日、訪露した世耕（ロシア経済分野協力担当相）は、八項目の経済・民生協力プランの具体化に向け、カウンターパートとなるウリュカエフ（経済発展相）と会談した。会談後、世耕は記者団に対し、「協力プランで大変、有意義かつ重要な準備が行えた」と胸を張った。

ところが、日本が領土交渉進展のレバレッジにしたい肝心の経済協力をめぐっても、日露間には埋め合わせの利かないほどのギャップがあった。ロシア側が日本の対露経済協力で望んでいるのは、「大型プロジェクトへの投資であって、野菜の共同栽培とかウニの共同養殖計画などの類ではない」（政府高官）。本音は、ガルシア（極東発展相）らが非公式にはよく口にするサハリン（樺太）と北海道を結ぶ海底送電網「エネルギーブリッジ」など大規模プロジェクトや、日露送電網の構築、ハバロフスク空港改修計画（総額一兆ルーブル、約一兆六〇〇〇億円）への日本の投資・協力だった。

†ロスネフチ株争奪戦・今井-片瀬の連携

二〇一六年、ソチでの日露首脳会談以降、安倍対露外交の「新しいアプローチ」が、水面下においてどのような状態になっていたか。元々、安倍周辺には、経済協力八項目プランの中に含まれた「エネルギー協力」に特化する形で、領土交渉の追い風にしようとする発想もあった。八項目プランとは別個に、その模索は秘かに続けられていた。セーチンとのルートを重視する安倍側近・今井の動きがそれであった。五月のソチ会談時点では、「新しいアプローチ」外交で足並みを揃えていたかに見えた長谷川と今井だが、その経産官僚OB連携は九月の時点で既に破綻していた。

安倍のフォロワーに生じた変化の中で、よりインパクトの強い対露経済協力の施策が秘かに動こうとしていた。エネルギー産業を軸に日露外交の歯車を回そうとする動きが加速し始めたのだった。それが、独立行政法人「石油天然ガス・金属鉱物資源機構」（JOGMEC）がロスネフチ株一〇％を最大一兆円で購入するとのプランで、九月初めにウラジオストクで行われた日露首脳会談当日、九月二日付日本経済新聞朝刊にスクープ記事として報じられた。

ロスネフチ株をめぐっては、前述したように、ロシア政府が国家保有株を売却する方針を決定した時から、国際的に関心が持たれていた。その争奪戦に日本も本格的に参入、積極的にロシア側に働きかけるようになった。いち早く目を付けたのが、今井だった。エネルギー協力を軸にした日露経済協力の積極的な推進によって懸案の北方領土問題の解決に向けて、対露外交のモメンタムをつくる――これこそが、二〇一五年秋、今井が、外務省の対露外交の行き詰まりを打開するカギとして、セーチンとの出会い以来模索してきたアイデアであった。その後、安倍の影として対露外交を主導した今井は、長谷川とは違った切り口で「新しいアプローチ」を推進していたのだ。経産省の関係者によると、その今井がロスネフチ株取得のために交渉の黒子として選んだのが、ロシア通の経済産業審議官・片瀬《かたせ》裕文《ひろふみ》であった。

片瀬は一九八二年（昭和五七年）に東大法学部を卒業、旧通産省に入省した。今井とは同期。産業技術環境政策局長、通商政策局長を経て、二〇一六年六月、安倍対露外交の「新しいアプローチ」を始動するに当たって経産審議官に抜擢された。

ロスネフチ株売却への日本の参入については、「セーチンも基本的に同意していた」（日露関係筋）。このため、その取得をめぐって、日本政府が水面下でロシア側と接触・交渉するのと並行して取り組んだのが、石油天然ガス・金属鉱物資源機構（ＪＯＧＭＥＣ）法の改正だった。一〇月には改正案が閣議決定され、一一月には、改正ＪＯＧＭＥＣ法が成立した。世界的に資源価格が下落する中で、産油国が国営資源会社の株式売却をする場合に備えて、機動的に国営企業株を取得できるよう布石を打ったのだ。

†伏魔殿——ロスネフチの暗闘

九月のウラジオストクにおける日露首脳会談後、一二月の長門会談に向けて、「新しいアプローチ」外交の成果にしようと水面下で着々と交渉が進められてきたのだった。が、それが領土交渉の進展と直接連動することはなかった。「取得交渉は合意ぎりぎりのところまで来ていた」（世耕弘成）が、官邸は土壇場になって「腰が引けた」。ロスネフチ株の対外売却は、プーチン政権下では、利権をめぐる争いと直結していた。それは、ロシア・

クレムリンにおける暗闘とも密接に絡んでいた。

セーチン率いる巨大国営企業ロスネフチは、石油・天然ガスの開発・生産、さらに石油の精製や国内外への販売も行うなど、ロシア経済の命綱である資源輸出の中核を担い、国外でも事業を展開している。二〇一〇年代以降は、造船業への参入や北極圏及び北極海航路開発及び極東・シベリア開発も政府に代わって主導した。

これらの点を踏まえれば、資源依存側の経済、政治権力と経済の一体性を象徴しているプーチン体制の特徴を体現しており、現代ロシアの「縮図」と言える。

複数の日露関係筋によると、ロスネフチ株の購入は、原油安の下での財政赤字拡大に苦悩するロシア・プーチン政権に恩を売って、北方領土問題の解決に向けて弾みをつけようとする狙いがあった。官房長官・菅義偉は定例の記者会見で「(日本経済新聞のスクープとして)報道されている内容について、検討している事実はない」との言い方で即座に否定した。が、臨時国会へのＪＯＧＭＥＣ(独立行政法人・石油天然ガス・金属鉱物資源機構)法改正案提出については「検討している」と認めた。

日本に資源・エネルギーの安定供給するために設定されている行政法人ＪＯＧＭＥＣの法改正はその趣旨として、特定の企業を対象にしたものではなく、世界的な資源価格の下落で、産油国が虎の子の国営資源会社の株式売却を検討する中で機動的に国営企業株を取得できるよう道を開くためというのが建て前だった。世耕も「全般的な資源確保強化のために臨時国会への提出を検討している法案であり、個別案件のために改正することはない」と否定したものの、ロスネフチ株を念頭に置いた今井－片瀬の連携によるJOGMEC法改正が「新しいアプローチ」の最大の柱になると見ていたのは間違いない。

†極東発展相ウリュカエフ逮捕

プーチンの政治権力は、セーチンなどシロビキ（治安機関派）とメドベージェフなどリベラル派のせめぎ合いの中、微妙なバランスの上に成り立っていた。このうち、プーチンはシロビキにエネルギー利権を分散することで、強い支持を得ていたと言われる。

利権をめぐり離合集散するロシア政局では、プーチンの一存で、唐突に人事が行われる。「新しいアプローチ」の起点となったソチ会談から三カ月、プーチン大統領側近のセルゲイ・イワノフに代わって、新しい大統領府長官にアントン・ワイノ（大統領府副長官）を抜擢する人事（八月一二日）が行われ、日本側を驚かせた。ワイノは一九九六－二〇〇一年の間、在日本ロシア大使館に勤務し、日本語も話す知日派。四四歳の若さという仰天人事だった。プーチン政権の中核は旧ソ連国家保安委員会（KGB）出身者ら「シロビキ」と呼ばれる治安機関派が占めている。その重鎮で、KGB時代からプーチンの「盟友中の盟友」とも言われるイワノフ（大統領府長官）の交代は、プーチンの権力基盤に異変が起きているとの憶測が飛び交った。

イワノフの人事異動については、当時、「解任」「更迭」と報じられたが、イワノフは、大統領令によって、大統領特別代表（自然保護活動、環境問題、交通運輸担当）に任命された。その後の展開を見ると、プーチンの側近ナンバーワン、イワノフの地位に変わりはなかった。

プーチン政権の主要な基盤となっているシロビキ派は、イワノフを中心に、セーチン（ロスネフチ社長）、パトルシェフ（安全保障会議書記）、これに対してリベラル派とも称される非シロビキ派は、メドベージェフ（首相）、シュワロフ（第一副首相）、ウリュカエフ（経済発展相）がおり、双方のバランスの上に、プーチンが君臨しているというのが政権の構図だ。

一一月中旬には再び、仰天人事が行われた。安倍内閣の「新しいアプローチ」外交で、ロシア側のキーパーソンの一人と見られていた経済発展相ウリュカエフを収賄容疑で突如解任したのである。外部からは窺い知れないプーチン政権内部の暗闘。思えば、長門会談を約一カ月後に控えた奇々怪々の逮捕・解任劇だった。それは、ロシア権力の闇の構造が垣間見られた事件だった。

今でも真相が謎となっているその事件は、対露外交において、世耕（経産相）のカウンターパートで日露経済協力の推進役だったウリュカエフが、中堅石油会社バシネフチの民営化に絡んで身柄を拘束されたものだ。当初、ウリュカエフはロスネフチによる株の買収に反対していたが、後になってバシネフチ株を一括購入できるように便宜を図る代わりに、ロスネフチ側に二〇〇万ドルの賄賂を要求したというのだ。しかし、ウリュカエフは容疑を否認した。識者の間でも、「ロスネフチはプーチンの側近中の側近が率いているのが分かっていながら、脅しまがいに賄賂を要求するだろうか」と疑問が呈された。ウリュカエフの身柄拘束の際はおとり捜査の手法が用いられ、ロスネフチ幹部が捜査当局に通報したと言われ、それにはセーチンが関与したとされる。

ウリュカエフは一九九〇年代、ソ連崩壊後の混乱期にロシアの市場経済移行を進めた急進改革派ガイダル（元首相代行・故人）のグループに属し、ガイダル経済研究所の副所長も務めた。プーチン政権でも経済政策の専門家として枢要なポストを占めてきたが、政権批判に回ったクドリン前財務相の下で財務次官を務めた経験があり、プーチン政権内のリベラル派と目されていた。

†ロシアの狡猾さを侮った安倍政権

ウリュカエフは二〇一七年一二月、罰金を含む懲役八年の有罪判決を言い渡されたが、この間の公判で明らかになったことがある。証拠として提出されたセーチンとウリュカエフの電話の盗聴記録の内容に、「日本政府がロスネフチ株を取得する」との発言が含まれていたという事実だ。この中で、セーチンは「日本政府が領土問題に絡めて株式の購入を提案してきた」ことを暴露し、自身はそれを「拒否した」と述べているという（篠原建仁『ロスネフチ――プーチンの巨大石油会社』）。

このセーチンとウリュカエフの電話での会話が一六年のいつの時点のものかは不明だが、日露関係の底流で、ロスネフチ株の購入に日本側が積極的に動いていたのは事実である。ロシア政府はクリミア編入に伴う対露経済制裁に加えて原油安に直撃されると、それらによって生じた財政赤字の補塡策として、ロスネフチの民営化を検討、国家保有株（一九・五％）売却の方針を打ち出した。英石油メジャーBPのほか、中国石油（CNPC）やインド石油天然ガス公社（ONGC）と共に、エネルギー事情に明るい今井は、ロシア内のこうした動きに早くから強い関心を示していた。

そして、一一月初め頃までは「新しいアプローチ」戦略に「成算あり」と、今井は楽観していた節がある。というのも、ロスネフチ株取得推進と相まって、領土交渉の進展でも「ソ連側から心証を得ていたため」（外務省幹部）と言われる。現にロスネフチ株をめぐる交渉では日本優位との見方があったのだが、高まった期待予測は大きく外れた。一六年一二月一五日に長門市で予定されていた日露首脳会談の約一週間前、カタール政府系ファンドの投資庁とスイス資源大手グレンコアが、ロスネフチの株式一九・五％（一〇二億ユーロ＝約一兆二四〇〇億円）を共同で取得することで合意したためだ。

まさに急転直下の出来事だった。一二月七日の発表は日本政府にとって寝耳に水であった。ロシア側は、土壇場になって腰を引いた日本とは別に、カタール／スイスとの交渉を秘かに進めており、要するに「ロシアは両面《リャンメン》待ちしていた」のである。

ロスネフチ株取得問題の唐突な決着によって、安倍政権の関係者に衝撃が走った。「大臣、申し訳ございませんでした。（他に）取られてしまいました」。夜中、片瀬からの電話で叩き起こされた世耕は、驚きを隠せなかった。

エネルギールートを主導した今井は、ロスネフチ株取得による日本の対露支援によって、北方領土問題が進展する、と掛け値なしで信じていたようだ。後日談として、当時の外務省幹部が明かした。「ロシアはあそこまで確約しておきながら騙すことがあるんだ、というから、そりゃ、相手はロシアなんだからあるさ、と言っておいた。本当にナイーブなんだから……」

第五節　長門敗戦

†一二・七プーチン・ダブルショック

ロスネフチ株取得問題に決着がついたのと同じ二〇一六年一二月七日、一週間後に訪日を控えたロシア大統領プーチンによって、衝撃的な一矢が日本側に打ち込まれた。それは、ロシア大統領に復権した二〇一二年の「引き分け」発言以後、緻密に練り上げてきた対日外交に対する考え方、それを基に、プーチンが日本訪問にあたっての所信を洗いざらい吐き出したインタビューに思えた。ロシア側がインタビュー相手に選んだメディアは、読売系列の全国ネットを有する日本テレビ、それに読売新聞だった。

このプーチン・インタビューが実際に報じられたのは、来日する直前の一二月一三日だが、実際にインタビューが行われたのは一二月七日だった。日本のロスネフチ株購入計画が挫折したその日に重なったが、これは、偶然だったのであろうか。偶然とも思えないが、いずれにしろ、実際のインタビューは、日テレ報道解説委員長・粕谷《かすや》賢之《たかゆき》と読売編集局長・溝口烈《みぞぐちたけし》によって七日深夜から日付が変わるまでの八日未明にかけ、クレムリンの一室で行われた。

インタビュー時間は同時通訳で八〇分間。冒頭、二〇一二年に秋田県知事・佐竹敬久《さたけのりひさ》から贈られた秋田犬「ゆめ」を連れて姿を現わしたプーチンは、日本向けのサービスも怠りなかった。日露関係について五〇分間、率直かつ体系的にロシア側の立場を展開した、異例の独占インタビューだった。

†「協議対象は五六年宣言の二島のみ」

プーチンの発言は、一五日に行われる長門市での日露首脳会談に先取りして、ロシア大統領・プーチンの基本的なスタンスを寸分の狂いなく表現・網羅していた。日ソ共同宣言（一九五六年一〇月一九日署名、一二月一二日発効）が六〇周年を迎えたことを踏まえて、プーチンは基本的な自身の対日スタンスを明確にした。

「残念ながら両国間の協力において、我々の今日の希望に沿った適切な関係を築くことができる基礎はまだない。（略）ロシアと日本との間に平和条約がないことは、過去から引き継がれた時代錯誤だ」

ここで、五六年共同宣言問題に関してプーチンが指摘したポイントは、(1)宣言に書かれているルールは、まず平和条約を締結し、その後に共同宣言が発効して歯舞・色丹の二島が日本に引き渡されるとの手順のみである、(2)しかし、どのような条件下で引き渡されるのか、つまり、その二島が日ソどちらの主権下に置かれるかは書かれていない、(3)日ソ両国は宣言を批准し、国交を回復したものの、宣言の履行（平和条約締結）を一方的に拒否したのは日本側である――との三点だ。

プーチンの「五六年共同宣言」の解釈は、ソ連・ゴルバチョフと同じ論理で貫かれていた。異なるのは、プーチンが日本を、原点（五六年共同宣言）回帰に追い立てるようなロジックを展開した点だ。

プーチンは五六年宣言を「唯一日露双方で批准した法的文書」と繰り返し強調し、その上で言明している。「日本はその履行を拒否した。もし首相や内閣が、（二島のみを対象にしている）この宣言に戻るというなら、我々は話し合う」「（しかし、宣言には）非常にたくさんの問題が残っている。共同宣言の枠内だけでも、まだ多くの作業が必要だ。もし、日本側が共同宣言の枠を超えるのなら、これはまた別のテーマだ」。というのも、「ロシアには、領土問題はまったくない」と考えているためだ、と。この外交ポジションは二〇〇〇年一〇月の外務次官級協議でのロシア側の見解（本書第四章）とまったく同じだ。

†「日本は真の独立国家なのか」

また、インタビューでストレートに言及することはなかったが、共同宣言後、日本側が対米関係を強化し、それに伴い、同宣言の歴史的意味は変質した、とプーチンは見なしていた。

「同宣言の歴史的意味の変質」とは何か。それはすなわち、鳩山一郎政権下での日ソ国交正常化交渉は、ソ連にとっては、日本を中立的な立場に留めようとするソ連外交の仕掛けであり、それを日本側は呑んだ。ソ連が歯舞、色丹の「引き渡し」に同意したのも、日本の対米接近を阻止し、日米に楔《くさび》を打ち込もうとする一手だった。

だが、第一章に詳述したように、冷戦下の当時、米政府もソ連脅威論を煽りながら、対日圧力を強めた。加えて、自身の政治生命と引き換えに対露外交に賭けた鳩山（首相）には、保守合同に絡んだ国内政治における立場もあった。

日本を自陣に引き寄せようとする水面下における激しい米ソ間の駆け引き、そして、気脈を通じた岸－河野の「日ソ国交正常化＝鳩山花道論」。こうした事情を鳩山は勘案したのだ。その結果、領土問題を一時棚上げし、まず「戦争状態の終結」「大使の交換」「シベリア抑留日本人の帰国」を優先する、いわゆる「アデナウアー方式」を採用することで、国交正常化を実現する日ソ関係の節目とした。が、その結末は、日ソ共同宣言〈平和条約締結と歯舞・色丹の引き渡し〉を履行出来ず、中途半端な形で、ソ連との〈戦後関係〉が構築されたことを意味した。

この鳩山の選択は、今日の日露関係を一段と難しくし、その後の日本外交に大きな禍根を残したと言えるが、外務省高官はボソリと呟いた。「超大国に挟まれた当時の現状からすれば、鳩山総理の選択が日本の力の限界だったんですよ」

†ロシア側の根拠

その後、岸政権になって日米両国は安保条約を改定、米国との軍事同盟化に踏み切った。このタイミングを捉えてロシアは五六年宣言の歴史的意味かつ地政学的意味合いは変質したというのである。事あるごとに繰り返されるロシア（ソ連）側の主張の根拠は、この点にこそある。「米国の政治的圧力に屈した日本は、対米自立的な国家ではなく、主権を持たない国家である」。日テレ・読売のインタビューから二日後の一二月九日、プーチン訪日に先立って、大統領府、外務省、経済発展省の高官による日本人記者向けブリーフィングが行われた。その中で、政府高官が断言したという。「日本は（共同宣言）当時米国の軍事同盟（国）ではなかった。安保条約が署名されたのはその後のことだ。当時ソ連が共同声明締結に至った目的は、日本の中立的な立場を確かなものにするためだった」（駒木明義『安倍 vs.プーチン——日ロ交渉はなぜ行き詰まったのか？』）

以上のほか、プーチン大統領はインタビューの中で、「二〇〇〇年に交渉が再開された後、我々は平和条約の締結に向けた交渉を拒否したことはない」と強調、その上で、日露関係を難しくしている問題点を三つ指摘した。その第一は、平和条約交渉について我々との接触を拒否したのは日本側だったという点、第二に、クリミア問題（二〇一四年三月ロシアに併合）に関して日本はロシアに対する制裁に加わった、第三としては、日本が米国との同盟によって負う義務の枠内で、平和条約交渉に向けた「露日の合意」がどれぐらい実現できるのか、すなわち日本はどの程度、独自に物事を決められるのかである。

特に第三点は、五六年日ソ共同宣言交渉以降、北方領土問題／平和条約締結交渉に密接に関わってきた日露間の本質的問題点である。換言すれば、北方領土問題をめぐる戦後の日ソ／日露交渉における陰の主役は米国、すなわち、日ソ／日露関係は日米関係であり、米露関係であった。

†長門市での日露首脳会談

日本テレビ・読売新聞の独占インタビューが報じられてから二日後、露大統領プーチンは冬ざれの山口宇部空港に降り立った。到着が予定より三時間近く遅れた。プーチンは各国首脳との会談においてもたびたび遅れる遅刻の常習犯だが、その理由が公表されなかったこともあって、政府内には「極めて失礼な話」との声が上がった。山口県の関門海峡には巌流島が浮かぶ。首脳会談での発言を先取りしたような日本メディアへの〝所信表明〟など一二月に入ってからの対日パフォーマンスを踏まえると、相手（日本側）の焦りを誘うような宮本武蔵ばりの心理戦の駆け引きと見てもおかしくなかった。

冬の装いとなった長門市の老舗旅館「大谷山荘」に出迎えた首相・安倍との首脳会談は、午後六時過ぎから大幅に遅れて始まった。平和条約・北方領土問題を中心議題にテタテ方式（一時間三五分）を含め会談は五時間、深夜に及んだ。翌日は東京に場所を移し、「共同経済活動」を中心議題に二回目の会談が行われた。

そして、二日間の総括として「日露両国首脳によるプレス向け声明」が発表された。声明からは、日本側の最大関心事である北方領土問題に対して、ロシア側は共同経済活動に力点を置いたという構図がそれなりには読み取れた。五月、ロシア連邦南西部に位置し、冬でも温暖な保養地ソチでスタートした安倍の「新しいアプローチ」対露外交。その第一幕は、首相官邸が期待感を煽ったほどの成果もなく、氷雨降る安倍の地元・山口県で事実上幕を閉じた。安倍対露外交は、第二幕までのインターミッションに入った。

†安倍官邸の「敗戦処理」

二〇一六年暮れ、安倍対露外交第一幕の〝敗戦処理〟は素早かった。外務省は、首相官邸の強い意向で、日露交渉担当政府代表・原田親仁の退任を内定、あわせて欧州局長・林肇《はやしはじめ》、ロシア課長・徳田修一も交代させた。原田は、一年前に新設された政府代表ポストで対露交渉の実務レベルの中心になるはずだったが、事実上の解任（正式な退任は一七年三月三一日付）と言えた。重要な交渉事——特に北方領土問題を抱える対露関係の場合、交渉進行中に関係ポストが「全取っ替えする人事は通常あり得ない」（政府筋）が、実際にそれが起きた。どう解すべきか。

この人事は、外務省最後の四島原則派（段階的ではあっても歯舞、色丹、国後、択捉の四島返還を主張するロシア・スクール）の原田を名実ともに安倍対露外交から外したことを意味する。が、同時にそれは、ロシア側に対して日本側の「四島にはこだわらない」姿勢転換とのシグナルに映っても仕方のない人事だったとも言える。これが、裏舞台での〝敗戦処理〟の急な動きだった。

ソチを起点とした「新しいアプローチ」対露外交は、ウラジオストクでの安倍発言によって勢いを得て、順調な流れになったと見る向きもあった。秋の日は釣瓶《つるべ》落とし。長門会談に向けて雲行きが怪しくなろうとした頃、安倍周辺は、遅くとも一一月後半には「ダメージコントロールに入っていた」(政府関係筋)。九月以来続いた領土問題の進展に期待値ばかりが上がった過熱報道の火消しに動き始めたのは、予想以上に早かった。

一一月一九日、ペルーの首都リマで行われた日露首脳会談。主要な議題は、日露両政府の実務者が取りまとめた八項目の経済協力プランの作業計画。日本側は、プーチンの関心が高いロシア極東での医療事業や都市環境整備、エネルギー開発など広範な案件を盛り込み、会談前、日本側は「本気度が伝わるはず」(政府筋)と期待感で胸を膨らませていた。首脳会談の全体会合で、大統領は「作業計画を一ページ目からじっくり読み込んでいた」が、この後、通訳を交えた首脳二人だけの会談では、首相の話を「あまり聞いていなかったらしい」(同行筋)と言う。

翌二〇日、ペルーの首都で記者会見した大統領プーチンは、北方領土について従来の立場を繰り返した。「第二次大戦の結果であり、今日ロシアが主権を持つ領土である(略)簡単なことではない」と強調した。この時、会談後の安倍は、九月のウラジオストクで「手応えを強く感じ取ることができた」と力説した時とは対照的で、周辺にはこわ張った表情で「そう簡単ではない」「一歩一歩前進していきたい」(同行筋)と繰り返した。

この時点で、政府内には「(長門会談が予定される)一二月一五日はゴールではなくスタート地点。今後の方向性を確認できれば十分だ」と言い出す者もおり、ダメージコントロールに備えた首相周辺の動きが本格的に始まっていた。

国民向けの表舞台での火消しの動きはどうだったか——。それは、安倍官邸が得意とする巧みな世論対策の形をもって現れた。首相は、NHK報道番組や民放の人気番組に率先して生出演、「長門会談の成果」を国民に繰り返し説いた。極めつきは、朝日、毎日などを中心とする活字メディアの辛口一辺倒の評価と違う視点で組まれたNHKの特別番組に反映されていた。

同番組は、NHKスペシャル「スクープドキュメント　北方領土交渉」（一六年一二月一八日夜）として放送され、五月のソチ以来ひとつの節目となった長門会談を日露平和条約締結の第一歩だと位置づけていた。NHKならではのゴールデンタイムを割いた大型報道番組で、日露両首脳が今回の会談で合意した「共同経済活動」「元島民の自由渡航拡大」は領土問題決着への大きな成果だと伝えた。

同番組では、中枢で関わったと喧伝される形で実務者四人（谷内国家安全保障局長、秋葉剛男外務審議官、今井総理大臣首席秘書官、鈴木浩首相秘書官＝外務省から出向）の最終打ち合わせとされる協議の場面が裏舞台の目玉映像として流された。その映像は「首相官邸提供だった」と囁かれた。

そして、この一件は、安倍及び同周辺の深層心理が映し出されていた。まず厳しさを増すプーチン発言、加えて水面下におけるロスネフチ株取得の失敗——これらによって、首相周辺では、九月、一〇月の頃のような楽観ムードが吹き飛び、この局面にどう対応するかが最優先の課題となっていた。長門会談での事態を想定して、ネガティブ評価をいかに抑制するか。つまり、長門会談まで一カ月を切った時点での安倍官邸の最優先任務は、国民に対して、どのように「長門会談成功」を印象づけるかに切り替わっていたのである。

現に、外務事務次官・杉山に、NHKから出演要請があったら、「それを受けて日本政府の見解を述べてほしい」と依頼してきたのは、今井だった。また、内部事情をよく知る政府筋によると、一連の対応は、「外務省が主導していた交渉だと印象づけたい」という首相周辺の本音を反映していたと言われる。

その辺りの雰囲気を反映したレポートとして興味深いのは、一二月九日発売の月刊文藝春秋二〇一七年一月号だった。そこには、安倍及び同側近に最も食い込んだ記者として知られる岩田明子（NHK解説委員）が、ユーラシアのエネルギー事情に詳しいロシア問題担当の敏腕ジャーナリスト石川一洋（同）との連名で、「北方領土プーチン豹変の理由」と題した記事が掲載されていた。

内容は、九月、一〇月の過熱報道を断ち切るように、月刊文春発売から数日後に予定される長門会談への期待値を、「プーチンの豹変」を理由に一気に下げる原稿だった。内容は全体的に、深いインサイド情報を基に書かれているのだが、中には、対露外交推進の主体をめぐって実態とはかけ離れた記述が散見され、違和感のある箇所も少なくなかった。

†「四島帰属」論放棄の予感

二〇一六年も暮れ、年が明けると、首相を至近距離で追う記者、ジャーナリストによる活字報道が次々発信された。その中で目を引いたのが、『外交』一月号の「『日ロの協力の地』に踏み出した一歩——日ロ首脳会談の成果と課題」と題した岩田原稿だ。それは「日ロの間でこの島々を『日ロの協力の地域』とするというような未来志向の共通認識を持つことが、新しいアプローチの一歩だ」と指摘するとともに、プレス向けに発表した日露声明に「平和条約問題を解決する自らの真摯《しんし》な決意を表明した」と盛り込んだ点に言及。これは、「二人で解決することへの決意の表れ、つまりぎりぎり事実上の期限を設けたとも見ることができるだろう」と解説した上で、次のように強調した。

「日本政府は、あくまでも四島の日本帰属を求め続ける。しかし、今後の交渉の中で、日本、そしてロシア双方とも、それぞれ四島の帰属という原則的な立場を離れ、妥協しなければならない状況も起こりうる。仮に妥協したとしても、お互い確保するものがあるという枠組みを作る。そのスタートラインに立ったのが今回の合意という位置づけになるのだ」と。これは、共同経済活動のルールづくり（「平和条約締結」）に向けた協議を推し進めるという「新しいアプローチ」の結果、今後「四島返還」の原則論を事実上放棄し、「二島返還論」あるいは「＋α」論で妥協するという解決の道があり得ることを強くにおわせたものだ。長門会談での日露首脳合意の政治的意味合いについて、ここまで断言できるのは、首相の心の襞まで分け入って読み取れるライターだからこそ書けるものではなかったか。その意味で、この原稿は〝あっぱれ〟と同時に、長門以後の対露外交の対応について安倍官邸の立場を、ほぼそのままストレートに反映したものと言えた。

去年今年《こぞことし》、首相・安倍が期待した日露外交の山燃ゆる季節は期待外れに終わり、メディアの最大関心事は内向きの政局へと切り替わった。安倍にとっては自民党総裁三選論が徐々に広がる中、一方のプーチンにとっては再選論（通算四選）が高まる中、次なるクライマックスとなる二〇一八年の北方領土交渉劇第二幕に備えるべく、日露関係は、山眠る季節へと入った。

第六章　北方領土はどれだけ遠のいたか

第一節　プーチンの切り返し

†戦後日本外交の総決算

二〇一六年一二月の長門市での日露首脳会談から一年九カ月。安倍対露外交最後のクライマックスとなる「二〇一八年の変」が始まろうとしていた。この年の日露両国の外交は、どちらも国内政局が絡んでいた。

ロシアでは、プーチンの大統領四選（通算）がかかる大統領選挙が行われた。投開票日は、四年前にウクライナ南部のクリミア半島を編入したのと同じ三月一八日。結果はプーチンの圧勝で終わった。獲得した得票率は七六％以上、過去四回の大統領選の中で最高となった。任期は六年、首相時代(二〇〇八―一二)を含めて二〇二四年まで約四半世紀にわたって実質的に最高権力を握ることが決まった。ちなみに、その後二〇二〇年の憲法改正によって最長二〇三六年まで大統領ポストに止まることも可能になった。

日本ではどうか。首相・安倍晋三の自民党総裁三選がかかる九月七日告示の総裁選が行われた。安倍は、政権政策の立案に関して首席秘書官・今井らと話し合った結果、得意分野の外交を三期目最大の柱に据えた。立憲史上最長の長期政権達成が刻一刻近づいていた、にもかかわらず、安倍には「レガシーと呼べる政治遺産がいまだにない」(自民党筋)。そんな世評を意識した結果だろう。安倍は、三期目の政権スローガンとして「戦後日本外交の総決算」を掲げた。拉致問題解決に伴う日朝国交正常化と並んで、安倍が力点を置いたのは悲願の北方領土問題解決であった。

†安倍三選を目指して

三月一八日、プーチン大勝に日本政府は今後の領土問題進展に期待を寄せつつ素早く反応した。翌一九日、安倍がプーチンに電話し、大統領選勝利の祝意を伝え、約二〇分間、電話会談を行った。外務省内には、難航し続ける北方領土交渉の進展に向けて、「これでプーチン大統領は決断しやすくなるだろう」(同省幹部)との楽観論も飛び出した。

五月下旬、首相・安倍はモスクワを訪問、ロシア大統領選後初めての日露首脳会談に臨んだ。会談は、市内のクレムリン（大統領府）で約二時間四五分にわたって行われた。冒頭、安倍は「四島での共同経済活動、また元島民の人道的措置について具体的な進展が見られる。この会談でさらに弾みをつけたい」と強調、領土交渉の進展に向けて意気込みを示した。

対するプーチンはと言えば、会談終了後の共同記者発表において、北方領土問題を含む平和条約締結交渉について「双方に受け入れ可能な解決法の模索を忍耐強く続けることが重要だ」と表明。さらに、安倍とそろって日露「交流年」開会式に出席し、「（日露の）パートナーシップは両国だけでなく周辺国にも必要とされている」と述べ、総体的に前向きとも受け取れる言葉を繰り返した。日本側は、プーチンの発言を歓迎した。

それから三カ月余が経過した。内政の季節本番――安倍政権三期目がかかる今回の自民党総裁選。また、毎年恒例となった「東方経済フォーラム」（ウラジオストク、九月一一～一三日）という外交の表舞台も用意されていた。

九月七日に告示された自民党総裁選挙は、一〇日午前、党本部ホールで候補者所見発表演説会が行われ、挑戦者・石破茂（自民党元幹事長）との論戦がスタートした。

この中で、安倍は、北方領土問題などを念頭に力説した。「今こそ戦後日本外交の総決算を行いたい」「日本がリーダーシップを発揮し、新しい時代の平和と繁栄の礎を築きたい」。安倍は三期目にあたって、外交課題に積極的に取り組む姿勢を示した。演説会終了後、水戸市内で総裁選遊説の第一声を上げる予定の石破を尻目に、羽田空港へと慌ただしく向かった。そして、待ち構えていた報道陣に今回の首脳会談に懸ける意気込みを伝え、政府専用機に乗り込んだ。「あらゆる分野で日露関係を進め、平和条約を締結する。領土問題を解決する。その方向に向けて、しっかりと前進したい」

外交に付随する内政との連動――。「戦後日本外交の総決算」に絡めた安倍政権戦略からは、次のようなシナリオが浮かび上がった。

二〇一八年における日露外交の攻防で北方領土交渉は最終局面に入り、翌一九年のG20大阪サミット時の日露首脳会談で大筋の決着を図る。それが順調に進めば、その時はタイミングを合わせて、安倍対露外交の「総決算」について国民の信を問う、そのための衆参同日選挙断行が視野に入って来る。

†三度目のウラジオストク演説

首相・安倍と大統領プーチンの日露首脳会談は一〇日午後、ウラジオストク市・ルースキー島の極東連邦大学で行われ、終了後、共同記者会見が開かれた。この中で、安倍は自信をみなぎらせて強調した。「(北方)四島の未来図をともに描く作業の道筋がはっきりと見えてきた。ビジネスミッションも一〇月初めに実施する。新しいアプローチは日露協力の姿を確実に変化させている。こうした変化を積み重ねた先に平和条約がある」

日露首脳会談を無事済ませた安倍は今回の訪露の山を一つ越え、いよいよ「東方経済フォーラム」が開幕する一一日を迎えた。同フォーラムは、二〇一五年以来毎年九月に開催しているプーチン肝煎りのイベントだ。各国の首脳あるいは政府高官、ビジネス界の代表者が招かれ、日本からは首相・安倍が一六年以降、毎年出席している。この年は中国国家主席・習近平が初めて出席、一三日までの日程で開催された。

が、実は同じ日に、もう一つのビッグイベントがあった。世界の安全保障・軍関係者が注目するロシア極東部で始まった軍事演習だった。ロシア軍が毎年秋、四つの軍管区の持ち回りで行っている大演習「ボストーク(東方)二〇一八」で、極東正面・東部軍管区において一七日まで行われた。この年の「ボストーク二〇一八」は特に、参加兵力二九万七〇〇〇人、装甲車両三万六〇〇〇両、航空機一〇〇〇機、艦艇八〇隻を動員するという史上空前の規模で実施された。また、この演習の枠組みとしては初めて中国の人民解放軍が参加、ザバイカル地方のツゴル演習場で中露両軍の合同訓練が行われた。極東ロシアにおいて、二つのビッグイベントが重なったのは、決して偶然ではないだろう。

こうした中、「東方経済フォーラム」二日目の一二日午後、同フォーラム全体会合の席上、日本にとって想定外のことが起きた。

†安倍の挑発とプーチンの返し技

この日、安倍は、中国・習近平、韓国首相・李洛淵《イナギヨン》らに続いてスピーチを行った。それは、自民党総裁選における楽勝ムードと気負いをそのまま、ここウラジオストクに持ち込んだような演説となった。安倍はほんの二日前、自民党総裁選で「戦後日本外交の総決算」を打ち出し、意気揚々とここウラジオストクに乗り込んできたばかり。言葉が躍り、天空に舞い上がりそうな「夢」を語り始めた。

「日本とロシアに永続的な安定が生まれたあかつき、一帯はどうなるのか、希望と共に想像してほしいと呼びかけました。（略）北極海からベーリング海、北太平洋、日本海は、平和と繁栄の海の幹線道路になることだろう。対立の原因をなした島々は物流の拠点として明るい可能性を見いだし、日露協力の象徴へと転化するだろうし、日本海も恐らく物流のハイウェイとして一変しているだろう。その先には、中国、韓国、モンゴル、そしてインド・太平洋の国へとつながる、大きくて自由で公正なルールに支配された、平和と繁栄、ダイナミズムに満ちた地域が登場するであろう」

安倍の弁舌に一段と熱がこもる。「プーチン大統領、もう一度ここで、たくさんの聴衆を証人として、私たちの意思を確かめ合おうではありませんか。今やらないで、いつやるのか、我々がやらないで、他の誰がやるのか、と問いながら、歩んでいきましょう」

安倍は、大統領プーチンとの会談が二二回を数えることを誇示、最後は聴衆に熱烈な拍手を促して講演を締めくくった。

二年前の、やはりここウラジオでの安倍の熱弁を想起させるようなスピーチが終わると、それまでジッと黙って聞いていたプーチンが唐突に発言を求めた。

「簡単な考えだが、今、思い付いた。あなたは一九五六年の日ソ共同宣言に触れた。それは単に署名されただけでなく、日本とソ連の議会で批准されたが、日本が履行を拒否したものだ。そして、（その後）七〇年間交渉している。シンゾウはアプローチを変えようと言った。それなら、平和条約を締結しよう。今すぐでなくとも、年末までにいかなる前提条件もなしで、だ。そしてこの平和条約に基づいて友人としてすべての係争中の問題に関する議論を続ける。このことが七〇年間乗り越えることができなかったすべての問題の解決を容易にするように思える」

さらに、同じ壇上に習近平がいるのを確認するように、「われわれは中国と領土問題があったが、四〇年間交渉して受け入れ可能な妥協策を見いだし、問題は完全に終結した。

前提条件なしの平和条約締結について冗談で言っているわけではない。(北方領土問題は)倫理的で政治的な性格を持つ。われわれの国民にとって非常に敏感な問題であり、解決に当たっては慎重に対応する必要がある」

「今やらないで、いつやるのか、我々がやらないで、他の誰がやるのか」。この安倍発言は、国内政局(三期目を目指す自民党総裁選での論戦)の大勝ムードを、そのままウラジオストクまで運んできて、聴衆の受けを狙い、プーチンを挑発するような発言だった。それは、総裁三選を目前にした安倍が日本国民を意識した見栄の切り方だったのだが、それが裏目に出た。力み先行の安倍の技を切り返すように、プーチンが〝大技〟を繰り出した。攻守所を変え、安倍は完全に受け身に回った。壇上の安倍は、ひたすら沈黙し、何とも不可解な笑みを浮かべるのみであった。

その後、全体会合が終わるまで一時間余、首相・安倍は、プーチンに発言の真意を確かめるでもなく、反論するわけでもなく、一瞬たりとも口を開くことすらなかった。

†不意打ちに安倍完敗

プーチン提案は、誰しも想定外のことだった、とは言え、この場面は武力を使わぬ言葉による戦い、あるいは国益を懸けた知的格闘技と言われる外交の修羅場だった。そこでの

〝沈黙〟は完敗を意味した。意表を突いたプーチン発言に真っ向から反論できないまでも、少なくとも、日本の立場（領土問題決着の後に平和条約を締結するという手順）を再確認させる意味での反論、あわせて、その唐突な発言にはその場で真意を質すべきであった。国家指導者のガッツと瞬発力、外交の応用動作が求められた場面であった。

二日前の日露首脳会談において、プーチンは「無条件での平和条約締結」という考えについては曖《おくび》にも出さなかった。「無条件」「今すぐでなくても年内までに」「前提条件なしで」との提案について、プーチンは「今、思いついた」と前置きした。それが、前もって準備したものなのか否か、真偽のほどは分からぬが、安倍発言「今やらないで、いつやるの。我々がやらないで、誰がやるの」を逆手に、「装い新たな案」をテコに攻勢に転じた。「外交はタイミングがすべて」（元米国務長官ジェームズ・ベーカー）。相手の出方とその場の雰囲気を好機と捉え、瞬発力で繰り出したプーチンの不意打ち提案だった。

フォーラム終了後に首相は大統領プーチンに対して、共に観戦した柔道のジュニア大会「嘉納治五郎杯」の席で日本の立場を伝えた（帰国後に発表）とされる。その真偽の程は不明だが、いずれにせよ後の祭りだった。国益を背負った政治リーダーの外交戦での勝負所は、「官僚のフォロワーシップ」ではアシストできない上記のような場面において、〈個の外交力〉が試されるケースであった。官の御膳立てに乗って一国のリーダーを演じる場合と違って、そこでは、政治家自身に備わった「素の力量」が問われる。厳しい言い方をすれば、この場面での安倍はプーチンとの戦いに完敗したのである。ここでの外交戦は、次なるステージ（シンガポール）に向けて禍根を残すことになった。

†策士プーチンの面目躍如

外務省幹部が語ったことがある。「北方領土返還に関する案はすべて出尽くした感がある。あとは装い新たにした案をどのようにつくれるかにかかっている」

冷戦下の基本方針「四島一括返還論」に対して、冷戦後、日本側では「二島先行返還論（二島＋α論）」「共同統治論」「三島返還論」「面積二等分論」等々、バリエーションに富む様々なアイデアが案出されたが、本格的な交渉の入り口に到る前に、ことごとく、クレムリンやロシア外務省などの分厚い壁に跳ね返されてきた。

「アイデアは出尽くした」「装い新たにした案」、この幹部の言葉は、今から想えば意味深長な発言だった。安倍対露外交の「新たな装い」が〈新しいアプローチ〉だとしたら、プーチンの方は、「二〇一六年長門会談」を経てその〈新しいアプローチ〉とやらに実がないと最終判断するや、ここウラジオストクで「装い新たにした案」を提起してきたのだ。

大統領四選（通算）を果たして半年、KGB出身の皇帝プーチンが極東を舞台に大胆に打ってきた手は、安倍には想定外のものだった。

二〇一六年五月、安倍はロシア南西部の保養地ソチで行われた日露首脳会談で、対露経済協力を、取り敢えず領土問題と切り離す対露外交の「新しいアプローチ」を打ち出し、プーチンは、その後の足かけ二年、その内実を見極めようとしてきた。それは、日本側の対露経済協力プランの具体的な中身とあわせて、米国に対する安倍の〝距離感〟と見直しの本気度だった。そして、ソチ会談から二年を経て打ってきた策は、ロシア問題研究者から「予測不可能な指導者」(フィオナ・ヒル、クリフォード・G・ガディ)と称される策士プーチンの面目躍如たる一手だった。それは一気に「ゲームチェンジ」につなげる対日攻勢の奇策と言えた。

†「東京宣言」の消失

ウラジオストクでのプーチン提案は、二カ月後のシンガポール会談合意に収斂《しゅうれん》する。長き日露領土交渉史の中にあって、装い新たにしたプーチン案の提起に対して安倍が応じた「シンガポール合意」は、事実上、領土交渉が一九五六年にまで後戻りしてしまうことを意味する。すなわち、一九九〇年代に勝ち取った「東京宣言」(両島の係争地が歯舞・色丹・国後・択捉の四島と明記、四島の帰属確定後に平和条約を締結)にまったく触れなかった

「シンガポール合意」は、これまでの交渉で積み上げて来た日本外交の成果を消し去ってしまったも同然だった。

まず「第二次世界大戦の結果」として北方領土はロシアの主権下にあるという点を認めよ、それからでないと話は始まらない――というのがロシアの立場であった。その意味するところは、「ロシアの法律に基づかなければ共同経済活動には応じられない」というものである。そして、二〇一八年九月一二日の「いかなる前提条件も付けずに平和条約を結ぼう」というプーチン提案は、日露両国が合意した「東京宣言」(一九九三年)の「四島の帰属問題を解決した後に」平和条約を締結するという「交渉の前提条件」を破棄したも同然だった。

九月一二日に時計の針を戻そう。タス通信は間髪入れず報じた。プーチン大統領が「年内に前提条件なし」で日露平和条約を締結するよう提案したことについて、大統領報道官ペスコフは、「提案の意味は、はっきりしている。領土問題解決のプロセスは時として数十年かかる」とフォローし、〈北方領土問題の棚上げ〉を意図したものだとの認識を示した。プーチンの「九・一二不意打ち提案」に安倍は即座に反論できず、日本は苦しい立場に追い込まれた。官房長官・菅義偉は、「日露関係を発展、加速させたいという(プーチン大統領の)強い気持ちの表れだろう」と苦しい釈明を行った。

†プーチン「引き分け」発言

「シンガポール合意」のキーワード「五六年日ソ共同宣言」は、第一章において、その交渉経緯や実情について述べたが、東西冷戦を背景にしたソ連の思惑や日本国内の政官闘争など、いくつもの難題を乗り越えた上で日ソ両国が署名・批准に至った唯一の公式文書だ。ところが、ソ連邦最後の最高指導者ゴルバチョフは、五六年宣言を領土交渉の出発点（基礎）とすることに拒否反応を示した。

これに対して現在のプーチンはと言えば、第一期政権時から「宣言」を交渉の出発点にしようとしてきた。そして現に、二〇一八年シンガポールにおいて、自身の描くシナリオへと安倍を引き込んだのである。

プーチンが、魔法の杖のように操った「五六年日ソ共同宣言」。日露双方がそれに回帰する起点となったのは、プーチンが大統領に返り咲く寸前の共同インタビューでの発言だった。二〇一二年三月一日。今は亡き朝日新聞主筆・若宮啓文が、この時引き出したプーチンの「引き分け」発言は、今や〝伝説的な質疑応答〟として記憶されている。以下、『プーチンの実像――証言で暴く「皇帝《ツアーリ》」の素顔』（朝日新聞国際報道部）から再現する。

若宮は冒頭、ロシアが東日本大震災後に提起したエネルギー協力計画（提案者であるプーチンの側近イーゴリ・セーチンの名前から「セーチン提案」）に触れて感謝の意を表した後、質問を切り出した。

「ロシア政府からは、一連のエネルギー協力の提案があった。私は、これがあなたのイニシアチブによるものだと思っている」。この「あなたのイニシアチブ」という言葉にプーチンがすぐ反応した。すかさず、若宮は切り込んだ。しかし、モスクワ・ニュースに掲載された外交論文の中で、「あなたは日本に触れていない。中国の重要性については何度か言及している。インドの重要性もある。日本はどこにあるのだろうか。あなたは日本のことを忘れてしまったのか？」

プーチンは即座に答えた。「私の家には嘉納治五郎の像があり、私はそれを毎日見ている。それが、毎日のように私に日本を思い出させてくれる」と前置きした上で続けた。

「あなたは礼儀正しく振る舞った。領土問題についての質問を出さなかった。これで私の方からその話をしなければ、私は礼儀知らずということになってしまう」

「日本との領土問題を、最終的に解決したいと私たちは強く望んでいる。そして、双方の国、双方の国民が受け入れられるような形で解決したい」「私たちは柔道家として、勇敢に足を運ばなくてはならない。しかし、勝つためではなく、負けないためだ。この状況において私たちが何かの勝利を得る必要がないとしても、不思議なことではない。この状況において、私たちは受け入れることが可能な譲歩をするべきなのだ。それは、(日本語で)「ヒキワケ」のようなものだ」

プーチンのこの「引き分け」発言から九年余。北方領土問題に関するプーチンのロジックは、本書第五章以降見て来たように寸分の隙も狂いもなく堅固なままであった。

第二節 シンガポール合意後の後退

†「饒舌外交」対「沈黙外交」

二〇一八年一一月一四日、シンガポールで行われた日露首脳会談の結果、本書のプロローグに記したように、両国は「五六年日ソ共同宣言」を基礎に交渉を加速させる点で合意した。

ソ連邦解体後約二年で日本外交が到達した「東京宣言」では、北方四島の帰属については「法と正義」、日ソ共同宣言に明記した歯舞・色丹の返還(法)と国後・択捉の討議(正義)に基づいて解決する点で一致。また、大統領プーチンと首相・森喜朗が二〇〇一年三月に合意した「イルクーツク声明」(文書)では、「五六年宣言(二島引き渡しも残り二島の言及はなし)」と「東京宣言(交渉の対象は四島)」は同等に位置づけられていたが、一点に「ピン留め」されてしまったシンガポール合意では、余りに簡略化され、両首脳の認識から「法と正義」の発想はまったく消えた。日本の北方領土交渉は明らかに後退した。

安倍は二〇一八年一二月一日午後(日本時間二日未明)、訪問先のアルゼンチン・ブエノスアイレスで、プーチンと約四五分間会談した。席上、シンガポール合意を踏まえて、両首脳は、北方領土問題を含む平和条約締結交渉の責任者を河野太郎、ラブロフ両外相とし、両外相の下の交渉担当者(首相特別代表、大統領特別代表)に外務審議官・森健良《もりたけお》、外務次官モルグロフをそれぞれ任命した。首相官邸内には、実務レベルの交渉責任者に秋葉剛男を起用すべきだとの案もあったが、事務次官との二足のわらじは非現実的と見られて、この案は消えた。

安倍はプーチン発言を踏まえて想定していた「二島+α論(歯舞・色丹の二島返還と、残る国後・択捉二島での共同経済活動や島民の自由往来など)」でロシアとの平和条約を結ぶ決着点を模索していたが、この「+α」論は事実上、国後、択捉二島の返還要求断念やむなしに帰着する可能性があった。

この考え方は、父・晋太郎の対露バックチャンネル外交で、三塚博が持ち帰った「中間協定」方式(本書第二章)や森政権時代に取り沙汰された「二島先行返還論」(本書第四章）の変型といえるだろう。

それでも、シンガポール首脳会談におけるプーチン発言と実務四者による「口頭確認」（本書プロローグ）を信じて、国後・択捉二島の扱いを曖昧にしたまま交渉を進めても、自分なら保守勢力を中心にした右ばねの反発を抑え切ることができると踏んでいたのであろうか。プーチンの「友情」とそれを裏付けるはずの「口頭確認」というデリケートでガラス細工のような「約束事」を壊したくない。そのためにも、日本側は余計な発言、コメントを控える、という考えがその後の安倍を支配したように見える。現に、安倍は一一月二六日の衆院予算委員会で言明した。「日本側の反応がロシアの反応を呼び、悪循環に入っていくことは避けるべきです」と。これは、レガシー作りを狙って、外交の世界に持ち込んではならない〝ギャンブル〟といってよいだろう。

日本側は、安倍が指示した対露姿勢を忠実に堅持した。その象徴的なエピソードが、平和条約締結の交渉責任者となった外相・河野太郎の記者会見での答弁拒否発言だった。

一二月五日の衆院外務委員会で河野は「（日本から）様々な発言が出ると相手側が反応する」。反応したことが後々に影響を及ぼす」として答弁を避けた。続いて一一日の記者会見では、報道陣が「北方領土の自国支配は合法的だ」とするラブロフ露外相の主張への見解を質したが、「次の質問どうぞ」と木で鼻をくくった答えを繰り返し、物議をかもした。

ロシアの主張に反論しない「沈黙外交」を決め込む日本の足元を見透かしたロシア側は、プロパガンダに徹した「饒舌《じょうぜつ》外交」で対外発信を続けた。それは、すべてにわたって第二次大戦の結果を基本にした「歴史問題」や冷戦期から続く「日米安保」に絡む問題を引き合いに、〈歴史的視点〉〈地政学的視点〉双方から対日攻勢に打って出たロシアの仕掛けであった。

一二月二〇日、二〇一八年を締めくくるように、大統領プーチンが記者会見で、対日交渉の核心に迫る発言を繰り出した。平和条約締結に際しては、「安全保障問題が極めて重要だ」と指摘した上で、「われわれは（米国の）ミサイル防衛システムの（日本での）配備計画を懸念している」。さらに、北方領土を引き渡した場合に米軍が展開する可能性について、ロシアの懸念に対する回答がなければ「（領土問題で）最も重要な決断をすることは非常に難しい」と強調した。

†歴史問題と化した領土交渉

こうした中、年が明けると、間近に迫る日露外相会談（一月一四日）と第一回平和条約交渉（一月二五日）を前に、モスクワを舞台にした動きも始まった。

ロシア外務省は一月一一日、声明を発出した。「南クリル諸島（北方領土）におけるわが国の主権を含め、日本が第二次大戦の結果を完全に認めることが平和条約問題の解決法を探るための最重要の条件となる」

ロシア側は、今も形式的に残っている国連憲章第一〇七条（旧敵国条項）を持ち出して日本を批判した。外相ラブロフは、日本の領土返還要求は「国連憲章の義務に明白に矛盾する」、日本は「世界で唯一第二次大戦の結果を完全に認めていない国」と発言。北方領土におけるロシアの主権は国連憲章に基づいていると主張した（同一六日の年頭記者会見）。

クレムリンからも強気のメッセージが発信された。前年のシンガポールでの日露首脳会談で「口頭確認」の一人として同席した大統領補佐官ウシャコフは「北方領土に対するロシアの主権を含めて、日本が第二次大戦の結果を完全に認めることが主要な条件」「われわれの領土であり、誰かに引き渡すつもりはない」と言い切った（同月一六日、記者団に、インタファクス通信）。

シンガポール会談から安倍自身が訪露するまで二カ月、この間の外交戦は、戦後日本の対露（ソ）外交が積み上げて来た諸合意が崩れ落ちてしまった感覚に囚われるものであった。そして、安倍側近が工夫を凝らして実現した、両国外交担当高官四人による「文書なき合意（口頭確認）」は、「リーガル・マインド型」外交官・栗山が懸念した如く、あえなく水泡に帰したのである。

第三節　安倍対露外交の終焉

†「北方領土」を口にしなくなった安倍最側近

二〇一九年一月二二日、モスクワのクレムリン（ロシア大統領府）、安倍とプーチンとの通算二五回目の会談は約三時間に及んだ。安倍は六月に予定されるG20大阪サミットに出席するプーチンの来日時に大筋合意するシナリオを描いていたが、北方領土問題の進展、平和条約締結の早期妥結について両者は合意できなかった。

会談後の共同記者発表ではプーチンの言葉が冷たく響く。「今後、辛抱強さを要する作業が待っている」「（ロシア国内の反対論を念頭に）両国の世論の支持を得なければならない」。対する安倍の言葉は空しく響いた。「相互に受け入れ可能な解決策を見いだすための共同作業を私とプーチン大統領のリーダーシップの下で力強く進めていく」。乾坤一擲《けんこんいってき》の思いでシンガポール合意を決断した安倍の対露外交はここに挫折を余儀なくされた。

それから約一週間後、東京・赤坂の料理屋、「アベノクラート（安倍取り巻き官僚）」の代表格、今井尚哉と会食した要人が、その時の異変に気づき、驚いた。会食の際には決まって今井が口にする〈日露関係〉〈ロシア〉〈北方領土〉という言葉を、この夜は一切発することなく会食が終わったためだ。今井のこの日の様子は、モスクワでの日露首脳会談とその結末に落胆した首相の心の奥を読み取った〝写し絵〟のように見えた。その要人は、安倍が心中秘かに、領土問題の決着を事実上断念したことを意味すると受け止めた。

†「固有の領土」を封印した安倍

その頃、安倍が発する言葉と、交渉の実態には大きな乖離があった。

一月三〇日、衆院代表質問に対する答弁の中で、首相は「北方領土はわが国が主権を有する島々」と述べ、交渉対象は「四島の帰属の問題」とする立場も変わっていないと強調した。だが、従来から使ってきた「固有の領土」という表現を使わなくなった。二月七日「北方領土の日」、北方領土返還要求全国大会（政府など主催）では、首相は「戦後七三年以上残された課題の解決は容易ではない。しかし、私たちはこれをやり遂げなければならない」と力説したが、「大会アピール」からは従来の「北方四島の不法占拠」との表現は削除された。

日本はいち早く、北方四島（歯舞群島及び色丹島、国後島、択捉島）の存在を知り、日本人がこの地域に渡航するなど、四島の統治を確立。一八五五年に日魯（露）通好条約（下田条約）を締結し、択捉島とウルップ島の間の国境を確認した。それ以降も以前も、北方四島が外国の領土となったことはなく、北方四島は「わが国固有の領土」というのが日本政府の立場だ。

　ラブロフは、安倍が北方領土を含む平和条約締結問題に「必ず終止符を打つ」と表明しているが、そうした発言につながる根拠を「大統領も私も与えていない」と強調した。その上で、いかなる期限も設けておらず、合意に向けた枠組み計画もないと指摘した上で、「どこからそのような確信を得ているのか分からない」と疑問を呈した（中国やベトナムのメディアとのインタビューをロシア外務省が同月二四日に公表）。

†冷めた空気の中で二六回目の首脳会談

　二〇一九年六月末、二〇カ国・地域首脳会議（G20大阪サミット）のため大統領プーチンが来日した。安倍・プーチン会談は六月二九日、約一時間二〇分、大阪市内のホテルで行われた。会談は、二六回を数えたが、予想通り、北方領土問題を含む平和条約締結交渉に具体的な進展は見られなかった。長門会談を控えた二〇一六年秋やシンガポール合意直後の二〇一八年の時のような熱気は、マスメディア報道から跡形もなく消え失せていた。会談後の共同記者発表で、安倍は「立場の隔たりの克服は簡単ではない」と認めざるを得なかった。

　それでも、安倍はこの年も九月恒例の「東方経済フォーラム」出席のため、極東ロシアのウラジオストクまで律儀に足を運んだ。が、ロシア側は安倍の足元を見た対応をしてきた。五日未明、プーチン大統領は、ロシア水産大手「ギドロストロイ」が色丹島の穴澗《あなま》（ロシア名クラボザボツコエ）に開設した大規模加工場の落成式にオンライン参加、従業員と対話、「成功を祈る」と語り掛けて工場稼働を祝福した。同日午後に予定されていた日露首脳会談を前に、ロシアによる色丹島の実効支配を誇示し、日本側に揺さぶりをかけるパフォーマンスと見てよかった。

　ロシア政府は二〇一七年に色丹島を経済特区「先行発展地域」に指定。一八年五月には経済特区の事業拡大方針を打ち出している。いやが上にも進む「ロシア化」の動き。「東方経済フォーラム」に初めて出席した安倍が、プーチンとの首脳会談終了後、記者団に囲まれて興奮気味に語った時とは隔世の感があった。この対照的な展開に、安倍の思いはいかばかりだったろうか。

†谷内口封じ策、宗男流プロパガンダ

　それから一年余。安倍官邸の風景も様変わりしつつあった。第一次安倍内閣下の外務次

官の時を含めて、安倍外交を支え続けて来た谷内正太郎が二〇一九年九月、国家安全保障局長を退任し、官邸を去った。

新型コロナウイルスのパンデミックに世界が見舞われた二〇二〇年、いまだ永田町に危機意識が浸透していない頃のことだ。鈴木宗男（参院議員）が一月三〇日午後、参院予算委員会の質疑に立ち、北方領土問題を取り上げた。質疑の取っ掛かりとしたのは、谷内（前国家安全保障局長）のテレビ出演での安倍対露外交に関する発言。その時の谷内発言をめぐる鈴木と政府側のやり取りをつぶさに振り返ってみると、安倍戦略外交の中枢にいて、〈北方領土交渉の虚実〉を熟知する谷内の口封じを目論もうという計算が働いていたのだろうか。鈴木の質疑には、ある種の脅しめいた響きがあった。

鈴木は、まず外相・茂木《もてぎ》敏充《としみつ》に質した。

「谷内（正太郎）前国家安保局長がBSフジ・プライムニュースに出て発言されていますけども、この内容はご承知でしょうか」

茂木「存じ上げております。その上で、日露関係の改善に向けて、鈴木委員が誰よりも熱心に取り組まれてきた、このことも承知しております。政府として、領土問題を解決して平和条約を締結する、この方針に変わりはございません」

鈴木は次いで、内閣官房審議官に質問を振った。「谷内前局長は（今）公職には就いておられますか」。審議官「昨年九月に国家安全保障局長を退任し、実際の公職を離れたものと承知しております」

鈴木は質問を続けた。「外務次官までした方ですから、国家公務員の守秘義務はあると思いますが、この守秘義務は今でも及んでいるのでしょうか」。審議官「国家安全保障局長は内閣法第一七条第五項において、国家公務員法第一〇〇条第二項を準用することに定めております。第一〇〇条一項においては、職員は職務上知ることができた秘密は漏らしてはならない。その職を退いた後といえども同様とする、とされているところであります」。鈴木は「今の答弁からすると、辞めて間もない人が日米首脳会談の話とか日露交渉に関わる機微な話を発言されていることは許されているのでしょうか」――こう指摘した後、再び茂木に矛先を向けた。

茂木は「谷内前局長は、日露の交渉は非常に難しいものであるということを話したかったのだと思いますが、守秘義務については所管外でございますので、私からコメントを控えたいと思います」

納得しない鈴木が問い詰める。「私がお尋ねしているのは、外交、交渉中でありますから、知っていてもまだ明かしてはいけない話がある。その点に触れたから懸念して言ってるんですね。(対露交渉は)静かな環境でやるという意味においては、谷内さんは間違ったタイミングでの発言ではないかと思うのですが、いかがでございましょうか」。茂木が答えた。「日露の交渉については（略）出来る限り、静かな環境の中で交渉を進めたい、その思いについては鈴木委員のおっしゃる通りでございます」

最後に鈴木は首相・安倍に答弁を求めた。「総理に確認したいのは、雑音を起こさせない上でも、谷内さんの、現在公職がないとの立場での発言だったと理解してよろしいでしょうか」。これに安倍が「現職ではございませんので、影響は出ないと思って、もちろん守秘義務の範囲（内）において御発言されたと思っております」と答え、谷内発言問題はここで終わった。

谷内発言を「守秘義務」違反ではないかとにおわす手法は、まさに宗男流だが、鈴木が巧妙なのは、谷内発言について「守秘義務違反」の疑いのある具体的な部分を指摘していない点だ。実際に、それはなかった。だから、答弁する側の安倍も茂木も谷内発言には具体的に言及していない。

これは、谷内が出演していた番組を実際に見た人でない限り、第三者には谷内発言の「守秘義務違反」疑惑とは何のことやらさっぱり分からない仕掛けの質疑応答だった。これでは谷内に「守秘義務違反」疑惑ありのレッテル張りするだけが狙いのやり取りと見えてもおかしくはない。

†安倍対露外交の「不都合な真実」

では、鈴木が取り上げた谷内発言とは、具体的にどのようなものだったのか。

BSフジの討論番組「プライムニュース」。谷内正太郎は退任後初めてテレビに出演、安倍戦略外交について縦横に語った。テーマは日米、日中、日韓・日朝、そして日露関係。谷内曰く、「今、ロシアが言っていることを一言で言うと、以前より後ろ向き、慎重になっているということ」、これを具体的に言うと、ロシア側の主張は次の三点に要約できる――と指摘した。

(1)（北方領土は）第二次大戦の結果、正式にロシアのものになった、そのことを日本はまず認めよ、それが交渉の前提だ
(2)すべての外国軍隊は日本から撤退せよ
(3)日米安保条約を止めて、日露平和条約を結ぼう、領土問題云々はその次だ

「我々（外交官）の言葉で言うと、これはノンスターター、要するに、これじゃ動きようがない」。このため、対露外交の「展望がなかなか開けない」というのが、谷内の見立てなのだ。「事務レベルで、何らかの前進を見るために何かやることがあるのか、と言われると、またこれがないんですよね。ということで、（安倍対露外交は）正直言って行き詰ま

っている」

一貫して日本外交に中枢で関わってきた谷内は、現役時代から一貫してクールで、その目はいつも穏やかな光を放っている。この現状認識は、各報道機関の世論調査の結果に表われたものと同じだと言える。北方領土問題の解決を困難視している国民の方から見れば、「やっぱり、そうか」というまったく違和感のない発言だった。

安倍から信頼され、第二次内閣に入った安倍首脳外交を大黒柱として支えて来た谷内には、安倍対露外交の現状を批判するつもりはさらさらない。が、二〇一六年を境に変質した安倍首脳外交には一定の距離感を胸中に包み込んでいただけに、ある種の悔いと無念がない交ぜになった思いがあったに違いない。現に、谷内は次のように付け加えている。

「他方、安倍総理は、北方領土問題には非常に高いプライオリティを置き、なんとか自分の手で片づけたい、という風に思っておられて、その分、首脳会談をやられて、機会があるたびに、プーチン大統領との対話を求めて、本当に真摯に誠実に対応して来られた。ところが、残念ながら、今の状況になっている。それで、僕自身、ある意味、心苦しく思っている」

こうした谷内発言に対する鈴木の言動は、谷内去りし後の行き詰まった安倍外交の実態を逆に浮かび上がらせる結果となった。安倍にとって「戦後日本外交の総決算」の最大の柱は北方領土問題、その中心的なパーツを成す対露外交が機能するためには、問題進展の期待値を上げ続ける以外に、安倍及び側近にはなくなってしまったとも読めた。

　鈴木がなぜ、これほど神経質になるのか。安倍政権にとって、浮揚力を維持するための対露外交は政局のツールとして不可欠である、と同時に、安倍対露外交の〝応援団長〟である鈴木にとっては、安倍外交の実情を最もよく知る谷内の発言は、自身の存在感にも関わる由々しきことだったのではないか。つまり、退任した谷内に、このようなタイミングで冷静な見立てをしてもらっては困るのだろう。

　この文脈において考えれば、先の質疑応答は、「守秘義務違反」を持ち出すことによって谷内の口封じを狙った牽制と見てもいいだろう。当の谷内には領土交渉の内幕を〝暴露〟する意識はさらさらないが、安倍外交の内実を最もよく知る男の一言は重い。首相・安倍は答弁の中で、初代国家安全保障局長として足かけ六年も自身に仕えた「谷内の功労」に言及し、謝意を表わした。

　テレビでの谷内発言には、ロシア側も即座に反応した。鈴木曰く、谷内発言を知って、旧知の駐日ロシア大使ガルージンにすぐに連絡を取って、「谷内さんの発言は今や一民間人となった人の発言です」「事実と違うことを言っている」と打ち消し、近く国会質疑で取り上げると伝えた。これが一月三〇日の質疑応答となって現われたのだ。

安倍対露外交には、外務省を通じた外交ルートとは別に、今井尚哉（首相補佐官兼首席秘書官）が最重要の対露パイプと見なした駐日ロシア大使（エフゲニー・アファナーシエフ／ミハイル・ガルージン）ルートがあった。前年の暮れ以来、安倍の五・九対独戦勝記念式典への出席を水面下で模索したのも、このルートによってだった。首相就任後、結局、二七回を数えたプーチンとの首脳会談。これを売りにしたのが安倍対露外交だったのだが、〈五・九モスクワ訪問〉をスキップすれば、次の首脳会談予定の〈九・二〉まで間が空いてしまう。安倍官邸にとっては、国民の期待値を維持し続けるためにも間を置かずにプーチンとの会談を国内的にも示すことが重要だった。

二〇二一年一〇月一九日で、「日ソ共同宣言」の合意成立（一九五六年）から六五年が経過するが、その三カ月前の七月二六日、露首相ミシュスチンがプーチンの指示を受けて択捉島を訪問、外国資本の北方領土への投資に対する免税措置を表明するなど、日本を揺さぶった。

冬ざれの対露交渉は〈視界ゼロ〉。東側は太平洋に面し、西側は凍てつくオホーツク海域に浮かぶ北方領土。日本が前のめりになって近づこうとすればするほど、島々は変幻自在の〈蜃気楼〉のように遠ざかっていく。

エピローグ

なぜ北方領土問題は解決しないのか

二〇二〇年夏、総理大臣・安倍晋三は持病の潰瘍性大腸炎が悪化したとして、退陣表明した。第二次内閣以降、足かけ九年に及んだ安倍対露外交は唐突に終幕が引かれた。九月、安倍自身がやり残した北方領土問題への取り組みは、後継の首相・菅義偉に引き継がれた。

退陣してから二カ月、前首相・安倍は、自身の対露外交を振り返って総括した。

「北方領土にはロシア人が住んで、もう七〇年以上の歴史を刻んでいるという現実の中で、どのように解決できるかということを考えなければならなかった。例えば、三〇年四〇年、このまま続いていけば、歴史のかなたに消えてしまう。そこで、まず平和条約締結後に色丹島と歯舞群島を引き渡すと明記した一九五六年宣言。これは日本と旧ソ連の国会が承認しているものだから、ここをもう一度しっかりと、ピンで留める。このことにおいては、二〇一八年一一月のプーチン大統領とのシンガポール会談は非常に有意義だったと思う」

（二〇二〇年一一月、共同通信インタビュー）

「戦後日本外交の総決算」の柱とした北方領土問題の解決が未完に終わったことについて、安倍は退陣表明の際、「断腸の思い」と表現した。安倍にとっては、七〇年以上にわたって進んできた「ロシア化」という現実の中で、取り得る最後のオプション――それが、五六年日ソ共同宣言の「ピン留め」であった。これは前進なのか停滞なのか、それとも後退なのか。中曽根康弘流に言えば、北方領土交渉史で安倍も、後世の史家に評価を委ねる「歴史法廷の被告席」に座る総理大臣の一人となった。

†菅対露外交の模索

二〇二〇年九月一六日、菅義偉が安倍後継の総理大臣（自民党総裁）に就任した。

就任後約二週間、菅は、大統領プーチンとの初の日露首脳電話会談（九月二九日）に臨み、新たな日露関係の幕が上がった。菅は領土交渉継続の意思を伝えた。「平和条約締結を含む日露関係全体を発展させて行きたい。北方領土問題を次の世代に先送りせず終止符を打ちたい。プーチン大統領としっかり取り組んでいきたい」

そして一〇月には、所信表明演説の中で対露外交を取り上げたが、一カ所のみ。菅の口からは電話会談同様、平和条約交渉の基礎とする「シンガポール合意」という言葉を口にすることはなかった。

菅が「シンガポール首脳会談」について公式に言及したのは、二〇二一年一月一八日の施政方針演説が初めてだ。「北方領土問題を次世代に先送りせず、終止符を打たねばなりません。二〇一八年のシンポールでの首脳会談のやり取りは引き継いでおり、これまでの両国間の諸合意を踏まえて交渉を進めます」と、これまでの発言を整理した形で対露外交方針を示した。しかし、「シンガポールでの首脳会談のやり取り」と言い換え、「シンガポール合意」という表現での明示は避けた。

そこからは、何が見えて来るか。ロシア側からすれば、シンガポール首脳会談の結果は、「シンガポール合意」(二〇一八年一一月の日露首脳会談の結果として発表され、翌一九年六月の日露首脳会談で文書にして確認)、すなわち「日ソ共同宣言を基礎に平和条約交渉を加速させる」との合意のみを指したもので、これがすべてだ。

が、対する日本の立場からすれば違うのではないか。日本外交が引き継いだのは、「シンガポールでの首脳会談のやり取り」、すなわち、「シンガポール合意」ばかりでなく、「首脳会談のやり取り」というワーディングには、本書のプロローグで紹介したように「日露両国の高官(各二人)」が立ち会う形で行なわれた「口頭確認」部分をも含めて引き継いでいるとの意味が込められている、と筆者は見る。

以上の点を踏まえれば、「五六年日ソ共同宣言」六五周年に当たる二〇二一年、後述するように年初から生じている両国間のかみ合わないやり取りの意味合いが理解できる。

†「シンガポール合意」は負の遺産？

「シンガポール合意」に関する菅発言をめぐっては、こんな場面があった。二〇二一年二月五日の衆院予算委員会の質疑応答だ。答弁からは、安倍政権から引き継いだ「シンガポール合意」をめぐる日本側の苦悩が滲み出ていた。同日の予算委員会では、北方領土問題をライフワークとする鈴木宗男（参院議員）を父に持つ鈴木貴子（自民党副幹事長）が質した。「（シンガポール）合意をめぐるやり取りというのは、対外的に出せない、ありとあらゆる日露間のまさに話し合い、交渉の内容が含まれている、という意味でよろしいでしょうか」

首相・菅が答えた。「その中（合意）には、例えばこのシンガポールでの両首脳間の合意、このほかに、二〇〇一年のイルクーツクの声明や、一九九三年の東京宣言など、こうしたものが含まれています」

シンガポール（二〇一八年）及び、G20大阪サミットの際に行われた日露首脳会談（二〇一九年）の記者発表では触れていなかった「東京宣言（領土交渉の対象として四島名を明記）」と「イルクーツク声明」を具体的に明示した。

鈴木に対する菅発言は、ソ連側からの反発を招いた。日本側のこのやり取り以降のロシア側の反応を吟味すると、今後の交渉起点としてロシア側が想定しているのは、「二島引き渡し」を明記した日ソ共同宣言を基礎に、交渉を加速させるとした「シンガポール合意」のみであるのは明らかだ。

それは、菅答弁から一〇日も経たないうちに、プーチンの発言（二月一四日、タス通信）となって表われた。マスメディア幹部に対して、二〇二〇年に発効した改正憲法が「領土割譲禁止」を明記したことを踏まえて「（自分は）憲法に反することはしない」と述べた発言だ。領土割譲禁止条項に関しては、国境画定作業は例外としているため、日露交渉の余地は残っているとの見方もあるが、プーチン発言は、北方領土の引き渡しには応じない立場を強く示唆したものだ、と報じられた。

その際、北方領土問題に関して問われたプーチンは、「ラブロフ外相に質問してくれ。彼はどこで国境が画定しているかを説明してくれるだろう」と逃げたが、二人の関係は「プーチン＝ナイスガイ、ラブロフ＝バッドガイ（割譲反対の強硬派）の役割分担をしているのではないか」（外務省事務次官経験者）と見ることができる。モスクワ国際関係大学准教授アンナ・キレーエワは、タス通信が報じたプーチン発言を「東京宣言」と「イルクーツク声明」に言及した先の菅発言に反発したものだ、と結論づけた（二月二六日の日本国際問題研究所主宰「東京グローバル・ダイアログ」分科会)。

次いで三月一〇日、日露首脳会談の通訳をこなした経験がある日本通の駐日ロシア大使・ガルージンが日本記者クラブで記者会見を行った。この時、会見でガルージンが口にしたのは、五六年宣言を基礎にするとした「シンガポール合意」のみ。「東京宣言」は、完全に無視された。一連のロシア側の反応は、取りも直さず、北方四島を対象に交渉すると明記した「東京宣言」「イルクーツク声明」よりも、「シンガポール合意」の方を高い位置づけになると見なしている証左と言えるだろう。

今、日露間で展開されている駆け引きは、日本からすれば、安倍‐今井主導で出来た「二島」本位の「シンガポール合意」を最上位に置くロシア側に対して、外務省が交渉対象を「四島」に引き戻すためのリセット作業を行っている、と見ることができる。

†「四つの視点」再論——日露関係は米露関係

戦後日本の対ソ/対露外交は、「はじめに」で指摘した推進体制の三層構造(大情況/日露二国間関係・政官関係/国民世論)ばかりでなく、四つの視点(政治・経済・地政学・歴史)を十分意識して、進められていたのであろうか。

鳩山対ソ外交(第一章)は、そもそも経済的視点を考慮する必要がない「大情況(国際環境)」の中で展開された。鳩山一郎の本音からすれば、「政治分野」の中で最優先課題となったのは、シベリア抑留日本人の母国帰還問題と国連加盟問題だった。だが、米ソ冷戦の最中だけに、「地政学的視点」として、米国の対日圧力に伴い〈日米安保ファクター〉が日ソ関係に密接に絡んできた。ここに、対ソ(露)外交をめぐる〈日露関係は日米関係であり、米露関係である〉という核心的な命題が浮かび上がって来るきっかけがあった。

第二次大戦終結後の混沌状態が新たな秩序に収斂して行く過程に生じた束の間の「雪どけ」、国際政治の〈大情況〉に生じたわずかな隙を突いて、一九五六年、二年にわたる対ソ関係正常化交渉の末に実現したのが、「日ソ共同宣言」だった。ソ連には日本の中立化を促そうとする意図があった。この間、対ソ外交の方針をめぐる党人派「二人の一郎」(鳩山・河野)と元外務官僚「孤高の外相」(重光葵)の主導権争い(「政官対立」)が演じられたものの、プラス面として、対ソ国交正常化によって日本の国連加盟への道が開かれ、鳩山が最重視した政治問題のシベリア抑留日本人帰還問題が解決した。

しかし、冷戦下で凍てついた米ソ対立が融解することはなかった。日本の中立化を目論んで日米間に楔を打ち込もうとするソ連の動きを警戒する米国、その対日圧力は、水面下で強度を増した。そして、五六年八月、日本外交は「ダレスの恫喝(米国が沖縄返還の条件として、北方四島一括返還をソ連に迫るように対日圧力をかけた)」と呼ばれるようになる米国からの一撃を受けたのである。

北方領土問題の解決のためには、日米安保体制が絡む〈地政学的視点〉と、第二次世界大戦の結末が絡む〈歴史的視点〉のそれぞれで、まずは、日ソ／日露両国が相互に納得のいく、何らかの相互認識の妥協がなければ、交渉の出口には辿り着けない枠組みになってしまったのである。本書で取り上げた冷戦時代における中曽根康弘の対ソ外交は、この二つの視点が交渉の中心にあったために、北方領土問題における実質的な進展はなかったのである。

筆者は、北方領土が日本に最も近づいたのは、冷戦が終結し、アメリカ・中国・ロシア・欧州・日本がせめぎ合いの中で新秩序を模索し始めた一九九〇年代「戦略猶予期間」だったと考える。

これも四つの視点（政治、経済、地政学、歴史）に沿って分析すれば、大統領エリツィン率いる新生ロシアが西欧化を志向したのに伴い、日本の対露外交は、「地政学」と「歴史」の視点を極小化できたのであり、その点が領土問題の解決の可能性に大きく寄与したと言える。しかし、スラブ主義のプーチンの時代になって、「偉大な安定の実現者（プーチン）」（カーネギー国際平和財団モスクワ・センター所長ドミトリー・トレーニン）の下で「地政学」と「歴史」の視点が極大化しているのである。また、日本を取り巻く「大情況」も、二一世紀に入っての中国の台頭によって大きく変わった。中国が、GDPで日本を追い越し世界第二位の経済大国となったことに伴い、ロシアにとっての日本の存在は一九九〇年代までのゴルバチョフ／エリツィン時代と比べて経済的には、相対的にかなり軽くなった。対中国牽制のため外交戦略にロシアを位置づけてきた日本にとって、その推力と併せてインセンティブが削がれる情況となった。

†「ロシア史観」レトリックの罠

〈地政学的視点〉で言えば、北大西洋条約機構（NATO）の東方拡大が本格化した二〇〇四年を境に、ロシアを取り巻く「大情況」をめぐるプーチンの認識、安全保障心理が一変した。東欧の民主諸国、バルト三国に続いて、ロシアが緩衝地帯と見なすウクライナをも視野に入れた東方拡大が動き出すと、ロシア外交における〈地政学的視点〉は極大化の方向にベクトルを向けて動き始めた。対日外交のスタンスも同様に、米国と日本の関係が極めて重要なファクターとして改めて意識されることになった。常に日露両国の外交には北方領土と日米安保体制の問題が絡んでくる。安倍対露外交は、戦後最悪とまで言われる米露両国の対立による影響を最大限受け続けた。日本側は、「すべての外国軍隊の撤退」を求めるロシア側に対して、「歯舞・色丹に米軍の兵器が配備されることはない」と口頭で伝えたが、ロシア側は具体的な証を求めて来た。「文書化した約束がほしい」（日露関係筋）。「口頭約束」では意味がない、外交約束は活字を紙に落とした「文書」でというわけだ。それを聞いた時点で、日米安保体制を重視する日本の外交安保コミュニティのリアリストは、「もはや動きようがない」と結論づけた。安全保障の問題を軽んじていた首相周辺にとっては、想定外の要求だった。

〈歴史的視点〉の方はどうか。戦後日本の対露（ソ）外交の原点となっている歴史認識は、ソ連の対日参戦が「日ソ中立条約」違反（対日侵略戦争）であり、ソ連の南クリル諸島（北方四島）統治は「不法占拠」というものだが、エリツィン政権を除くソ連（ロシア）政権が一様に日本の立場を否定、強く反駁《はんばく》してきた。現にプーチン政権は〈歴史的視点〉を前面に押し出し、ファシズムと戦ったとする「第二次世界大戦での勝利」、その結果である南クリル諸島の占領は「ヤルタ協定」に基づいて「合法」との立場を墨守している。

が、これには巧みなレトリックの罠がある。それは、「第二次世界大戦」に関する対外向けと国内向けの使い分けにある。ロシア政府が国内向けに使うのが「大祖国戦争」という言い方で、「二六〇〇万人もの犠牲者を出した」結果として獲得した領土——それが、南クリル諸島（北方領土）なのだ——と。

ソ連は一九四一年、ドイツの対ソ攻撃に対して祖国を守るための戦争に踏み切り、第二次大戦の一環として戦ったドイツとの戦争に勝利した。だが、一九四五年八月九日に戦端を開いた「日ソ戦争」は、「大祖国戦争」とは性格の次元で異なる。日本の敗北が明らかになった中で仕掛けた「火事場泥棒的な侵略戦争」（茂田宏「1945年の日ソ戦争と北方領土問題」『国際関係と法の支配――小和田恆国際司法裁判所裁判官退任記念』）だった。

ところが、第五章と第六章で述べたように、安倍政権は、シンガポール合意後、その「口頭確認」合意の実現を期待して、牙が抜かれたように対露／対ソ関係の原点となる日本の伝統的主張を封印した。領土交渉は、最終局面に差し掛かったと認識した安倍だが、それが故に対露外交は徹底した「沈黙の外交」に転換せざるを得なかったのである。

安倍対露外交に深く関与した世耕弘成（自民党参議院幹事長）がインタビューに応じた。「北方領土交渉は、首脳（安倍・プーチン）同士で会談すると盛り上がる。「これ行けちゃうんじゃないか」などという局面が何回かあったのですけれど、「じゃあ、具体的に協議しましょう」と外務省に下ろした瞬間、日露外相がお互い従来の主張に終始する。「やっぱり、駄目かなあ」と思って、首脳会談をやると、またグッと盛り上がる。その終着点がシンガポール合意（二〇一八）だったんです」

ここに、北方領土問題は、「シンガポール合意」の結果、ロシアが「第二次世界大戦の輝かしい戦果」として対外的に意義づけした、〈まやかしの歴史認識〉に包含され、米ソ冷戦の最中に生み落とされた一九五六年時点へと引き戻された。しかし、交渉の前提とする回帰地点は「五六年共同宣言」に変わりはないものの、プーチン・ロシアを取り巻く「大情況」は様変わりした。イルクーツク声明（二〇〇一年）とシンガポール合意（二〇一八年）とでは、プーチンが見据える交渉の着地点は安倍の想定とは大きく違っていたのではないか。例えば、その時、日本外務省は「四」という建前を崩さないとしても、「シンガポール合意」に賭けた安倍の本音は「二」が取れればそれで良し、対するプーチンは「ゼロ」からの出発だったのではないか。

命がけで北方領土問題の解決にチャレンジした外相を父に持ち、今や「歴史法廷の被告人席」に座った前首相・安倍晋三。粘り強く、ロシア大統領プーチンとの首脳会談を二七回も重ねた対露外交の「新たなアプローチ」は、これまで誰にもできなかった〝社交上手〟の安倍ならではの外交スタイルだった。が、安倍外交の終幕までに、北方領土問題は微動だにしなかった。国後・択捉どころか歯舞・色丹すら、一ミリたりとも日本に近づくことがなかったのである。

厳しい言い方をすれば、安倍対露外交は、当人の意欲とは裏腹に、後世に〈負のレガシー〉を残したとさえ言えるだろう。日本の対露外交の眼前に展開する光景は、今もって視界ゼロの中に佇む「冬ざれの北方領土」に変わりはない。

あとがき

日本外交を追っていると、避けては絶対に前に進めないテーマがいくつかある。本書で取り上げた北方領土問題は、その中枢を占めるテーマの一つであろう。通信社の政治記者としてこの問題にまともに向き合ったのが一九八〇年代。以来三十数年、直接取材した多くのロシア・スクールのうち、四人——都甲岳洋《とごうたけひろ》、兵藤長雄《ひょうどうながお》、丹波實《たんばみのる》、野村一成《のむらいっせい》——が既に鬼籍に入ってしまった。当初は、断片的な情報、知識を掻き集め、時々の原稿に仕立て上げたものだが、長く取材する中で、一冊の書にまとめることを意識するようになった。これまでの取材の蓄積を踏まえて、関係者の回想録やロシア問題専門家の研究書、ジャーナリストの検証本を読み、外務省外交史料館に週一回のペースで通ったが、北方領土交渉は、調べれば調べるほど複雑怪奇の様相を呈した。

　無数の研究や証言、外交文書の溢れる海に漕ぎ出したと思っていたら、すぐにも「文書非公開」で区切られた水域に押し流された。その海域では、虚実入り混じった情報が渦巻く。北朝鮮との国交正常化問題と並んで、今なお残された戦後処理の大問題とあって、「レガシー」づくりを意識する政治家の野心も絡む。さらに、あちこちの湧昇《ゆうしょう》にも注意しておかねばならず、意図的にファクトのデフォルメ化を目論むロシア側の発信がある。このため、モスクワ情報だけではつかめない深層の流れがあり、北方領土問題の核心に辿り着くためには、多角的な視点が不可欠となる。

外交は「知的格闘技」であり、内政と、コインの裏表の関係にある。政治家たる首脳がリーダーシップを揮《ふる》い、外交の最前線に立つ行政官が豊富な知見や優れた交渉スキルを駆使して一国の外交を展開する。ところが、政治的野心、官僚の功名心など、様々な思惑が入り込む余地がある。

メディアもよほど注意してかからないと、虚実混沌とした情報戦の罠に嵌《はま》る。とりわけ、安倍対露外交をめぐっては、実態とメディア報道のギャップが大きかったように感じた。執筆の動機は、世上に喧伝《けんでん》される安倍外交評に対して、政権の折り返し地点辺りで違和感を持ち始めたからに他ならない。

小著は『日本の戦略外交』(ちくま新書)の続編として執筆した。北方領土問題を複雑にしたのは、サンフランシスコ講和会議(一九五一年)をめぐる米ソの駆け引きに起因しているが、その点についての詳細は、同書「第8章　戦略的リアリズムの真贋」の290頁から295頁を参考にして頂きたい。

小著の企画が持ち上がって以来二年あまり、脱稿に至るまでの間、辛抱強く待って頂いた筑摩書房の松本良次氏の存在を抜きには日の目を見なかったものである。衷心より感謝申し上げたい。外務省外交史料館の浜岡鷹行《はまおかたかゆき》氏、外務省図書館の冨山信一《とみやましんいち》氏には、外交文書や各種資料の照会などで、ひとかたならぬ御世話になった。この場を借りて御礼申し上げたい。

この間、猛威をふるい続けてきた新型コロナのパンデミックは、人々の働き方や考え方、生活の隅々にいたるまで世界を変えようとしているが、私事においても、コロナ禍によって補足の対面取材もままならず、焦燥感に駆られたのは一度ならず。悪いことにストレス性の多形紅斑痒疹にも悩まされ、十分な睡眠がとれない時期も重なった。そんな時、日々の栄養を気遣い、「最初の読者」として、プラス思考の助言で執筆活動を支えてくれた妻・了符子に感謝したい。

二〇二一年夏

鈴木美勝

コロナ禍の犠牲になった「愛国の外交戦士」岡本行夫《おかもとゆきお》さんに小著を捧げる

氏の人間愛と誠実さ、そして倦むことを知らぬ行動力に敬意を表して

参考文献

朝日新聞国際報道部『プーチンの実像——孤高の「皇帝《ツァーリ》」の知られざる真実』朝日文庫、二〇一九年
浅海保『変節と愛国——外交官・牛場信彦の生涯』文春新書　二〇一七年
新井弘一『モスクワ・ベルリン・東京——外交官の証言』時事通信社、二〇〇〇年
新井弘一『日本外交の宿題』（二〇一一年）、『日本外交の宿題Ⅱ』（二〇一九年）国策研究会
五百旗頭真、下斗米伸夫、A・V・トルクノフ、D・V・ストレリツォフ編『日ロ関係史——パラレル・ヒストリーの挑戦』東京大学出版会、二〇一五年
伊藤隆、季武嘉也編『鳩山一郎・薫日記（上巻・鳩山一郎篇）』中央公論新社　一九九九年
伊藤隆、季武嘉也編『鳩山一郎・薫日記（下巻・鳩山薫篇）』中央公論新社、二〇〇五年
伊藤隆、矢次一夫『岸信介の回想』文春学藝ライブラリー、二〇一四年
伊藤隆、渡邊行男編『重光葵手記』中央公論社、一九八六年
伊藤隆、渡邊行男編『続 重光葵手記』中央公論社、一九八八年
枝村純郎『帝国解体前後——駐モスクワ日本大使の回想1990—1994』都市出版、一九九七年
エリツィン，ボリス・N、小笠原豊樹訳『告白』草思社、一九九〇年
エリツィン，ボリス・N、中澤孝之訳『エリツィンの手記——崩壊・対決の舞台裏 上』同朋舎出版、一九九四年
岸信介、原彬久編『岸信介証言録』毎日新聞社、二〇〇三年
木村汎『プーチンとロシア人』産経NF文庫、二〇二〇年
久保田正明『クレムリンへの使節——北方領土交渉1955—1983』文藝春秋、一九八三年

栗山尚一著、中島琢磨、服部龍二、江藤名保子編『外交証言録　沖縄返還・日中国交正常化・日米「密約」』岩波書店、二〇一〇年
河野一郎『今だから話そう』春陽堂書店、一九五八年
小枝義人、河野洋平監修『党人河野一郎――最後の十年』春風社、二〇一〇年
駒木明義『安倍 vs. プーチン――日ロ交渉はなぜ行き詰まったのか？』筑摩選書、二〇二〇年
ゴルバチョフ，ミハイル、工藤精一郎・鈴木康雄訳『ゴルバチョフ回想録（上・下）』新潮社、一九九六年
斎藤元秀『ロシアの対日政策（上・下）』慶應義塾大学出版会、二〇一八年
サッチャー，マーガレット、石塚雅彦訳『サッチャー回顧録――ダウニング街の日々〔下〕』日本経済新聞出版、一九九三年
佐藤和雄、駒木明義『検証 日露首脳交渉――冷戦後の模索』岩波書店、二〇〇三年
茂田宏「1945年の日ソ戦争と北方領土問題」『国際関係と法の支配――小和田恆国際司法裁判所裁判官退任記念』所収　信山社、二〇二一年
重光葵『外交回想録』中公文庫、二〇一一年
篠原建仁『ロスネフチ――プーチンの巨大石油会社』ユーラシア文庫、二〇二〇年
下田武三、永野信利編『戦後日本外交の証言――日本はこうして再生した（上）』行政問題研究所出版局、一九八四年
末次一郎『「戦後」への挑戦』オール出版、一九八一年
杉原荒太『外交の考え方』鹿島研究所出版会、一九六五年
鈴木美勝『日本の戦略外交』ちくま新書、二〇一七年
戦後政治研究会聞き書き・構成『保守本流の思想と行動――〔松野頼三〕覚え書』朝日出版社、一九八五年
田中孝彦『日ソ国交回復の史的研究――戦後日ソ関係の起点：1945〜1956』有斐閣、一九九三年

丹波實『日露外交秘話』中央公論新社、二〇〇四年
丹波實『わが外交人生』中央公論新社、二〇一一年
チェルニャーエフ，アナトーリー・セルゲービッチ、中澤孝之訳『ゴルバチョフと運命をともにした2000日』潮出版社、一九九四年
東郷和彦『北方領土交渉秘録――失われた五度の機会』新潮文庫、二〇一一年
歳川隆雄、二木啓孝『宗男の言い分』飛鳥新社、二〇〇二年
豊田穣『孤高の外相 重光葵』講談社、一九九〇年
トレーニン，ドミートリー、河東哲夫他訳『ロシア新戦略――ユーラシアの大変動を読み解く』作品社、二〇一二年
中曽根康弘『天地有情――五十年の戦後政治を語る』文藝春秋、一九九六年
中曽根康弘『中曽根康弘が語る戦後日本外交』新潮社、二〇一二年
中曽根康弘『中曽根康弘句集二〇〇八』北溟社、二〇〇八年
永野信利『日本外交のすべて』行政問題研究所出版局、一九八六年
長谷川毅『北方領土問題と日露関係』筑摩書房、二〇〇〇年
パノフ，アレクサンドル、高橋実・佐藤利郎訳『不信から信頼へ――北方領土交渉の内幕』サイマル出版会、一九九二年
プリマコフ，エヴゲニー、鈴木康雄訳『クレムリンの5000日――プリマコフ政治外交秘録』NTT出版、二〇〇二年
ベーカーⅢ，ジェームズ・A、デフランク，トーマス・M、仙名紀訳『シャトル外交 激動の四年（上・下）』新潮文庫、一九九七年
本田良一『証言 北方領土交渉』中央公論新社、二〇一六年

松本俊一『日ソ国交回復秘録――北方領土交渉の真実』朝日選書、二〇一二年
村田良平『村田良平回想録（上巻）――戦いに敗れし国に仕えて』ミネルヴァ書房、二〇〇八年
村田良平『村田良平回想録（下巻）――祖国の再生を次世代に託して』ミネルヴァ書房、二〇〇八年
ヤコブレフ,アレクサンドル、井上幸義訳『マルクス主義の崩壊――20世紀の呪縛を解く』サイマル出版会、一九九四年
ヤコブレフ,アレクサンドル、月出皎司訳『歴史の幻影――ロシアー失われた世紀』日本経済新聞出版、一九九三年
谷内正太郎、高橋昌之『外交の戦略と志――前外務事務次官 谷内正太郎は語る』産経新聞出版、二〇〇九年
ルーゲ,ゲルト、鈴木直・深澤雅子訳『ゴルバチョフ』平凡社、一九九一年
レオンハルト,ヴォルフガンク、村上紀子訳『大国ロシアの漂流――ゴルバチョフとエリツィンの10年』ＮＨＫ出版、一九九六年
若宮啓文『ドキュメント 北方領土問題の内幕――クレムリン・東京・ワシントン』筑摩選書、二〇一六年
Sergey Radchenko "*Unwanted Visionaries : The Soviet Failure in Asia at the End of the Cold War*" Oxford University Press. 2014
「中国の思想」刊行委員会（松枝茂夫、竹内好監修）、今里禎訳『[中国の思想] 孟子』徳間文庫、二〇一六年
「中曽根康弘 ゴルバチョフ会談を語る」『This Is』一九八九年四月号
『われらの北方領土』外務省、（https://www.mofa.go.jp/mofaj/press/pr/pub/pamph/hoppo6.html）
『平成27年度 エネルギー環境総合戦略調査』経済産業省、日本エネルギー経済研究所計量分析ユニット（株式会社アイ・ビー・ティ委託）、二〇一六年

ちくま新書
1601

北方領土交渉史《ほっぽうりょうどこうしょうし》
二〇二一年九月一〇日 第一刷発行

著者 鈴木美勝（すずき・よしかつ）
発行者 喜入冬子
発行所 株式会社 筑摩書房
東京都台東区蔵前二-五-三 郵便番号一一一-八七五五
電話番号〇三-五六八七-二六〇一（代表）
装幀者 間村俊一
印刷・製本 三松堂印刷 株式会社

ISBN978-4-480-07418-8 C0231

ちくま新書

1236
日本の戦略外交
鈴木美勝
外交取材のエキスパートが読む世界史ゲームのいま。「歴史」の和解と打算、機略縦横の駆け引き、舞台裏で支えるキーマンの素顔……。戦略的リアリズムとは何か！

1572
現代ロシアの軍事戦略
小泉悠
冷戦後、弱小国となったロシアはなぜ世界的な大国であり続けられるのか。メディアでも活躍する異能の研究者が戦争の最前線を読み解き、未来の世界情勢を占う。

1146
戦後入門
加藤典洋
日本はなぜ「戦後」を終わらせられないのか。その核心にある「対米従属」「ねじれ」の問題の起源を世界戦争に探り、憲法九条の平和原則の強化による打開案を示す。

1184
昭和史
古川隆久
日本はなぜ戦争に突き進んだのか。私たちは、何を失い、何を手にしたのか。開戦から敗戦、復興、そして高度成長へと至る激動の64年間を、第一人者が一望する決定版！

1345
ロシアと中国　反米の戦略
廣瀬陽子
孤立を避け資源を売りたいロシア。軍事技術が欲しい中国。米国一強の国際秩序への対抗……。だが、中露蜜月の舞台裏では熾烈な主導権争いが繰り広げられている。

1132
大東亜戦争　敗北の本質
杉之尾宜生
なぜ日本は戦争に敗れたのか。情報・対情報・兵站の軽視、戦略や科学的思考の欠如、組織の制度疲労――多くの敗因を検討し、その奥に潜む失敗の本質を暴き出す。

935
ソ連史
松戸清裕
二〇世紀に巨大な存在感を持ったソ連。「冷戦の敗者」「全体主義国家」の印象で語られがちなこの国の内実を丁寧にたどり、歴史の中での冷静な位置づけを試みる。